KB106416

1억 연봉 부럽지 않은
1인 수출기업

1억 연봉 부럽지 않은 1인 수출기업

발행일 2021년 4월 30일

지은이 박한철
펴낸이 손형국
펴낸곳 (주)북랩
편집인 선일영
디자인 이현수, 한수희, 김민하, 김윤주, 허지혜
마케팅 김회란, 박진관
편집 정두철, 윤성아, 배진용, 김현아, 박준
제작 박기성, 황동현, 구성우, 권태련
출판등록 2004. 12. 1(제2012-000051호)
주소 서울특별시 금천구 가산디지털 1로 168, 우림라이온스밸리 B동 B113~114호, C동 B101호
홈페이지 www.book.co.kr
전화번호 (02)2026-5777
팩스 (02)2026-5747

ISBN 979-11-6539-740-1 03320 (종이책) 979-11-6539-741-8 05320 (전자책)

잘못된 책은 구입한 곳에서 교환해드립니다.
이 책은 저작권법에 따라 보호받는 저작물이므로 무단 전재와 복제를 금합니다.

(주)북랩 성공출판의 파트너

북랩 홈페이지와 패밀리 사이트에서 다양한 출판 솔루션을 만나 보세요!

홈페이지 book.co.kr • **블로그** blog.naver.com/essaybook • **출판문의** book@book.co.kr

현직, 인터넷 1인 수출기업인의 수출전략과 성공 노하우

1억 연봉 부럽지 않은 1인 수출기업

박한철 지음

북랩 book Lab

머/리/말

전 세계적인 초유의 비상사태를 맞이하여 많은 청장년들이 실업 상태에 처하게 되었다. 참으로 안타까운 일이며, 자신에게는 물론 사회적으로나 국가적으로도 커다란 손실이 아닐 수 없다. 그러나 옛말에 "모든 백성들의 가난 구제는 나라님도 다 못한다."고 하였다. 따라서 청장년들이 보다 더 적극적으로 자신들의 직업과 인생을 개척해야만 한다. 개척한다는 것은, 미지의 세상에서 어떠한 어려움이 닥치더라도 이를 적극적으로 극복해야 한다는 것이다. 이에 직접 부딪치고 시행착오를 겪으며 개척하다 보면, 점차 경험이 쌓이고 쌓여서 일정한 궤도에 이르러 안정이 되고 성공에 도달하게 된다.

많은 청장년들이 1인 수출기업을 창업할 수 있도록 나의 작은 지식과 경험을 바탕으로 이 책을 쓰게 되었다. 물론 시중에는 수출과 관련된 많은 서적들이 소개되어 있다. 그러나 대부분의 책들이 복잡하고 추상적인 이론의 나열에 불과하거나, 실무 경험이 전혀 없는 사람들이 뜬구름 잡는 식으로 쓴 책이 거의 전부이다. 따라서 나는 가장 단순하고 구체적인 실무서로서, 더욱 쉽고 간단하게 핵심적인 사항만 간략히 서술하였다. 미리 알 필요도 없는 것과 불필요한 것, 그리고 업무를 진행하는 과정에서 자연스럽게 알 수 있는 것은 과감히 생략하고, 반드시 알아야만 하는 중요한 내용만을 소개하였다. 즉, 초심자가 처음 수출사업을 시작하여 시행착오를 최대한 줄일 수 있도록 눈높이에 맞춰서, 수출업무의 흐름에 따라 실무적인 지식과 경험을 위주로 하여 서술하였다. 아울러 편의성과 현장성을 살리기 위하여 다양한 명칭과 은어 그리고 속어도 함께 사용하였으니 양해하기 바란다. 사업이라는 것은 절대 이론만으로는 되지 않고, 이론적인 지식과 더불어 경험이 무엇보다 중요하기 때문이다.

나는 사업으로 크게 성공한 사람은 아니다. 다만 약 30년 넘게 실패와 시행착오를 겪으며 우여곡절 속에서 1인 수출기업을 경영하여 생계를 꾸려가며, 구속당하지 않고 자유롭게 내가 원하는 인생을 살아가고 있다. 또한 60세가 넘은 현재에도 이 글을 쓰고 취미생활을 하며 1인 수출기업을 운영하는 사람이다. 그것은 나 혼자서도 모든 수출업무의 경영이 가능하고, 충분히 컨트롤할 수 있기 때문이다. 크게 욕심내지 않는다면 자유롭게 모든 일을 계획하고 실행하며 알찬 인생을 영위할 수 있다. 그러므로 이 책을 읽는 독자들은 나의 작은 지식과 경험을 밑바탕으로 해서 나를 훨씬 뛰어넘어 보다 더 발전하고 더 큰 꿈을 성취할 수 있기를 희망한다.

이 세상에 우연히 근사하고 괜찮은 인생은 없다. 물론 그 어떤 것도 공짜는 없다. 또한 쉽고 편하고 힘들지 않은 일은 누구나 다 할 수 있다. 그리고 이 세상은 내 뜻대로 호락호락하지도 않고, 내 성질대로만 살아갈 수도 없다. 따라서 열정과 끈기를 갖고 부단히 노력하며 인내하지 않는다면 불가능하다. 옛말에 "젊었을 때 고생은 사서도 한다."고 했다. 즉, 젊었을 때는 일부러라도 고생을 겪어봐야 하고, 눈물 젖은 빵을 먹어봐야 인생의 참맛을 알 수 있다고 했다. 큰 뜻을 세우고 성심을 다하면, 비록 도중에 어려움과 시행착오를 겪을지라도 반드시 성공에 도달할 수 있다. 중국 속담에 "천하에 어려운 일은 없다. 사람의 마음에 달려 있다."고 하지 않던가.

끝으로 한 제품이 생산되어 수출에 이르기까지는 매우 많은 사람들의 노고와 관련 기관들의 협조가 요구된다. 따라서 수출은 많은 부가가치를 발생시켜서 국가와 사회를 더욱 발전시키고 부강하게 만든다. 때때로 외국에 나가서 우리 기업의 상품이나 광고를 보면 감격스럽지 않는가. 잘 알다시피 우리나라는 빈약한 자원에도 불구하고 우수한 인력과 수출로 발전한 국가이다. 이에 많은 청장년들이 수출산업을 더욱 계승 발전시켜서 국가의 발전을 업그레이드하고, 수출기업인으로서 자아실현은 물론, 국가에도 애국자로서 일조할 것을 기원한다.

2021년 4월

滿风 朴漢哲

목차

2. 창업과정 단계

3. 실무업무 단계

4. 서류작성 단계

5. 관리과정 단계

1. 기본사항 단계

1인 수출기업이란?

처음부터 끝까지 모든 것을 혼자서 결정하고 처리하며, 자신의 상품을 전 세계에 판매하는 상행위 기업이다. 따라서 그에 따르는 모든 책임도 전적으로 혼자 지며, 이에 상응하는 이익 또한 모두 자신만의 몫이 된다. 혼자서 상행위를 하는 1인 수출기업은 국내가 아닌 외국의 다른 국가들에게 상품을 판매하는 일이므로, 이에 따르는 국제적인 법규와 규칙이 있는데, 그것이 무역실무이고 수출업무의 절차이다.

통상적으로 1인 수출기업은 직접 상품을 제조하여 수출하는 것이 아니기 때문에 다른 제조업체의 물품을 인수하거나 매입하여 외국의 여러 나라에 판매, 즉 수출하는 것이다. 곧 남의 물건을 남에게 파는 것이다. 시장의 도소매 상인들이나 상점들도 자신들이 직접 물건을 제조하여 판매하는 것이 아닌 것과 같은 이치이다. 따라서 제조 과정이 생략되고 마케팅 위주로 사업을 진행하기 때문에 적은 자본으로도 도전할 수 있고, 자유롭게 자신의 마케팅 능력을 펼칠 수 있는 개인 사업이다.

특별히 명칭이 중요한 것은 아니지만, 1인 수출기업을 “수출중개업”이라고 할 수 있는데, 시중에서는 부정적인 뉘앙스의 영어로 “브로커”나 일본어로 “나까마”라고도 부르는 경우도 있다. 참고로, 오퍼상(offering agent)이라는 것은 외국업체의 상품을 국내에 판매 알선하는 업체로 “수입알선중개업”이라 하고, 이에 상대적인 개념인 국내업체의 상품을 외국에 판매 알선하는 업체를 “buying office” 또는 “수출알선중개업”이라고 한다.

지금은 전 세계가 인터넷과 모바일로 연결된 하나의 세계이며 하나의 시장이다. 요즘은 누구나 인터넷과 모바일이 필수품이고, 이를 매우 능숙하게 다룰 수 있기 때문에 혼자서 수출기업을 운영하기에 최적의 조건이다. 내가 처음으로 수출업무를 시작했을 때에는 인터넷과 모바일이 없었다. 외국인과의 의사소통은 주로 항공우편이나 일반전화를 사용하였으며, 간혹 텔렉스(타자기와 팩스 기능을 혼합한 형태)로 약어(약자)를 이용하여 간단한 문장으로 교신하였다. 또한 컴퓨터가 없던 시절이라 서류와 문서는 오직 타자기를 이용하여 작성하였다.

가능성이 있다고 생각되면 망설이거나 부정적인 생각을 하지 말고 일단 시작하고 나면 길이 보이고, 더불어 새로운 길도 생기며 요령과 경험이 쌓여간다. 처음에는 어려워 보여도 수출실무는 한 사이클만 경험하면 그 후로는 매번 거의 똑같이 반복되어 특별한 어려움이 없다. 또한 모르는 것이 생기면 그때그때 인터넷을 검색하고 관련서적을 참고하거나, 관계 기관에 문의하는 과정에서 해결책을 자연스럽게 터득하게 된다. 따라서 충분히 자유롭게 일하며 자신의 능력을 최대한 발휘할 수 있는 1인 수출기업인이 될 수 있다.

러시아 하바롭스크 수출상담회

왜 소자본으로 가능한가?

모든 사업이나 기업은 돈이 기본이다. 즉 자본주의를 바탕으로 하기 때문에 자본, 사람, 기술 등이 반드시 있어야 한다. 따라서 자본이 전혀 필요 없고, 무자본으로 사업을 할 수 있다는 말은 거짓이다. 절대 맨땅에 헤딩하듯, 어떠한 자본도 없이 무일푼으로 사업을 시작할 수는 없다. 당장 사람은 매일 먹어야 하고 입어야 하고, 즉 의식주가 절대적으로 필요하고, 사업을 하기 위해서는 누군가를 만나야 하고 어디를 가야하고, 즉 의식주와 더불어 항상 제반 비용이 꼭 필요하다.

그렇다고 어느 정도의 자본이 필요할 것인가를 일률적으로 말하기는 어렵고, 자신의 수출 사업으로 어떤 아이템(품목)을 취급할 것인지에 따라서 다르다. 소소한 신변 잡화나 식품, 의류 등 일상용품을 취급할 것인가, 아니면 중장비나 건설기계 또는 생산설비나 플랜트를 수출할 것인가, 또한 IT 제품이나 첨단 고부가가치의 부품이나 소재 등에 따라서 커다란 차이가 있다. 따라서 처음 수출 사업을 시작하거나 적은 자본으로 시작할 경우에는, 자신의 자금 사정을 고려하여 아이템을 선정하는 것이 현명하다.

또한 1인 수출기업이 소자본으로 가능하다는 것은, 제조공장을 짓기 위하여 투자할 자본이 필요 없고, 가게나 상가를 임차하기 위해서 임차료가 들지 않기 때문이다. 수출을 위한 상품을 선정한 후에는 적당한 제조 공장이나 업체를 물색한 후 제품 생산을 위탁하여 납품을 받거나 매입하면 되고, 더욱이 국내 판매가 아니므로 가게나 상가를 임차할 필요가 없다. 혹시 제조업체로부터 납품을 받거나 매입한 상품을 보관할 창고가 필요할 것으로 생각하는데, 먼저 해외 바이어(수입자)로부터 주문을 받은 후에 제조공장이나 공급업체에서 직접 컨테이너에 적재하여 즉시 화물로 운송하면 굳이 창고도 필요하지 않다.

통상적으로 바이어로부터 오더(주문)를 받을 때 은행 송금 방식

(T/T)으로 총 주문 금액의 50% 정도를 선수금으로 받거나, 일람불 신용장(L/C at sight)을 받게 된다. 이때 상품을 선적한 후에 나머지 잔금 50%를 받을 때까지 필요한 수출물품 매입을 위한 유동성 자금이 있어야 하고, 신용장인 경우에는 국내 거래은행에서 신용장을 근거로 자금을 융통하거나 상품을 선적한 후에 선적서류를 거래은행을 통하여 바이어에게 송부한 후, 바이어가 수출대금을 결제할 때까지의 순환자금이 필요하다. 즉, 해외 바이어와 국내 제조업체 사이에서 수출 상품의 매입 매출에 따르는 회전자금이 필요한 것이다.

나의 경험이나 대략적인 예상으로, 아이템이 신변 잡화나 일상용품인 경우에는 한 1,000~2,000만원 정도 필요하고, 산업용품이나 기계류 등이면 3,000~5,000만원의 유동자금이 있으면 어느 정도는 충분하다고 생각한다. 다만 1인 수출기업을 꼭 해보고 싶은데 이 정도의 금액도 부담스럽다면, 정부의 수출용 정책자금이나 저금리의 지방자치단체 수출진흥자금 등을 신청하여 수출사업을 시작할 수도 있다. 뜻이 있는 곳에는 반드시 길이 있으므로 의지와 열정만 있다면 충분히 극복할 수 있다.

1인 기업인의 정신과 의지

잘 알다시피 이 세상에 쉬운 일은 하나도 없다. 또한 거저먹을 수 있는 공짜도 없다. 만약 거저먹는 공짜를 좋아한다면, 결국 뒤에 보복을 당하거나 사기를 맞는다. 따라서 자신이 원하는 정당한 결실을 얻으려면, 자신이 희망하는 꿈과 일을 찾아서 열정과 용기를 갖고 끊임없이 인내하며, 소기의 목적을 달성할 때까지 노력하여야 한다. 다만 사업이라는 것은 어느 정도의 모험과 위험부담을 안고서 시작할 수밖에 없다. 왜냐하면 사업은 항상 여러 돌발변수가 생기고, 따라서 그때그때 적절히 대처해야 하기 때문이다. 직접 부딪치고 다소간에 시행착오를 겪으면서 몸소 헤쳐 나가야 한다.

또한 사업은 현실이고 살아있는 생물이기 때문에 절대 이론만으로는 되지 않고, 따라서 교과서에 나와 있는 대로 되지 않는 경우가 더 많다. 이론과 교과서는 단지 참고 자료로 하고, 직접 부딪치며 경험을 쌓아야 한다. 그렇다고 너무 어렵게 생각하지 말고 힘들어서 못 한다고 포기하지 않고, 인내심을 가지고 꾸준히 노력하다 보면 어느 정도 일정한 궤도에 올라서게 되고 소기의 목표한 지점에 도달할 수 있다. 그리고 초보자에서 1년 2년 경험이 쌓이고, 어느덧 10년 정도가 되면 전문가 수준에 이를 것이다.

사업은 또한 내가 원하는 방향으로만 가지 않는다. 특히 수출은 상대적이기 때문에 나의 상품을 상대방인 바이어가 구매해 주어야 나의 목적이 달성되고 소기의 이익을 창출할 수 있는 것이다. 마치 이 세상을 내 의도대로만 살 수 없듯이 다른 분야와 마찬가지로 수출은 상대가 있고 상대를 설득해야 하는 작업이다. 그러려면 열정과 끈기를 갖고 부단히 노력해야 하며, 지식과 경험을 쌓아야 한다. 따라서 그와 같은 지식과 경험을 쌓아가는 수출기업은 정녕 멋진 인텔리 직업이라고 말하지 않을 수 없다.

모든 사업이 그렇듯이 쉽지도 않지만, 그렇다고 불가능한 것도 아니다. 왜냐하면 그것을 만들고 실천하고 성공한 사람들이 많이 있다는 것이 그 증거이다. 특히 1인 수출기업은 혼자서 모든 것을 처리할 수 있고, 충분히 혼자서도 모든 것을 컨트롤할 수 있다. 나는 비즈니스 마인드가 세 가지 있는데, 첫째는 사업을 항상 나 혼자서 하는 것이고, 둘째는 거래 상대방에게 끌려다니지 않는 것이며, 셋째는 상대방을 이용해서도 안 되지만, 절대로 상대방에게 이용을 당하지 않는 것이다.

아무튼 우연히 근사하고 꽤 괜찮은 인생은 없다. 어느 누가 편하고 근사한 일과 하고 싶은 일만 하면서 인생을 즐기며 살고 싶지 않겠는가. 어느 통계에 따르면, 사업을 시작한 100명 중 1명만이 성공한다고 한다. 그렇다고 포기할 만큼 두려워할 일도 아니다. 하면 되고, 노력하면 불가능은 없다. 해외에 나가보면, 종종 우리나라 제품들이 눈에 많이 띄고 기업들의 광고를 자주 볼 수 있는데, 그때마다 감격스럽고 뿌듯한 자부심이 들지 않는가. 이 모두가 앞선 세대들의 땀과 노력의 결실이다. 그러므로 자신이 원하는 인생을 영위하기 위해서는 끊임없이 인내하고 지식을 습득해야 한다. 특히 독서를 많이 해서 인격과 품격을 높여야 한다.

기본 수출절차 개요

수출절차는 다음과 같다.

무역(수출)업 창업 → 바이어(수입자) 발굴 → 수출계약 체결 → 수출대금 수취 → 수출물품 확보 → 수출물품 선적 → 선적서류 발송 → 수출보험 가입 → 사후관리

1) **무역(수출)업 창업:** 사업장 소재지, 회사명, 사업의 종류를 결정한 후 지역관할 세무서에 등록하고 사업자등록중을 교부 받으면 법적으로 창업이 완료된다.

2) **바이어(수입자) 발굴:** 확보한 아이템(상품)을 구매할 해외 바이어를 찾는 단계인데, 가장 중요하고도 많은 노력이 필요하다. 보통 수출거래알선 사이트를 이용하거나, SNS 또는 온라인을 이용하여 상품을 홍보하고 거래를 제의한다.

3) **수출계약 체결:** 바이어에게 상품에 대한 카탈로그나 사진, 동영상, 스펙 등을 보내고, 거래에 관심이 있으면 보다 더 상세히 논의하며 가격과 수출대금의 결제 조건 등을 상담한 후, 합의에 이르면 수출계약을 체결하고 계약서를 발송한다.

4) **수출대금 수취:** 수출대금 결제 방식은 다양하지만, 보통 계좌이체와 같은 현금 송금방식(T/T)과 신용카드와 유사한 신용장(L/C) 방식을 많이 사용하는데, 송금방식은 선적 전에 선수금으로 총 금액의 50% 정도를 받고, 선적 후에 잔금으로 50%를 받는다. 신용장 방식은 선적 후 거래은행에 선적서류를 제시하며 매입이나 추심을 신청한다.

5) **수출물품 확보:** 수출대금 수취가 확인되었으면, 사전에 확보한 제조 공장이나 공급업체로부터 수출물품을 매입한다. 수출물량에 따라서 가격을 절충하고, 품질이 적합한지 꼼꼼히 확인한다.

6) **수출물품 선적:** 수출물품이 확보되었으면, 선박회사에 선적요청서와 선적서류 사본을 보내어 선적일자와 장소를 확정하고, 아울러 수출물품의 통관까지 함께 요청한다. 가급적 제조공장이나 공급업체에서 곧바로 컨테이너에 상차하여 선적지로 이송한다.

7) **선적서류 발송:** 선적이 완료되었으면, 바이어에게 선적서류 사본을 제시하고 T/T 잔금 50%를 요청하거나, 거래은행을 통하여 신용장(L/C)의 매입이나 추심을 의뢰한다.

8) **수출보험 가입:** 선택사항이지만, 혹시 모를 수출대금의 미수금 발생을 대비하여 무역보험공사에 수출보험을 가입하는 것이 좋다. 보험료는 소액이고, 수출진흥을 위하여 시도 지자체 등에서 대납을 해준다.

9) **사후관리:** 이제 모든 수출절차가 완료되어 한 사이클의 수출업무가 모두 끝이 났다. 다음부터는 매번 거의 동일한 절차로 수출이 진행되기 때문에 미비점이 있으면 이를 보완하고 다음 수출을 준비한다.

의사소통과
영문서류 작성

기본적으로 영어를 구사할 수 있는 능력이 필요한데, 나의 경험으로는 중학교 3년 정도 수준의 어휘력이면 충분하다고 생각한다. 통상적으로 이메일이나 SNS 등 온라인으로 외국의 바이어와 교신을 하게 되는데, 바이어의 메시지를 수신하게 되면 그 의미를 파악할 수 있는 독해능력이 있어야 하고, 메시지를 발신할 때는 자신의 생각을 영어로 작문할 수 있어야 한다. 다소 영어가 부족해도 상호간에 의사소통만 충분히 이루어진다면, 영어의 문법이나 어법 등은 크게 신경 쓸 필요가 없다.

우리나라에서는 거의 모든 젊은이들이 토익이나 토플 등을 학습하기 때문에 영어에 관해서는 전혀 부족하지 않고 오히려 너무 유창하다고 생각한다. 또한 전화 통화를 한다거나 직접 만나서 상담할 경우에도 크게 문제가 되지 않는다. 왜냐하면 동일한 제품을 취급하는 사람들은 그와 관련된 용어들을 이미 잘 알고 있기 때문에 단어를 하나만 언급해도 그 의미를 바로 알아챈다. 영어로 말하고 들을 때에는, 먼저 잘 듣는 것이 우선이다. 그래야 상대방이 무엇을 의미하는지 알 수 있고, 따라서 예스나 노라는 간단한 대답이라도 할 수 있기 때문이다.

영어를 모국어로 사용하지 않는 국가들의 바이어들에게도 영어는 외국어이기 때문에 그들의 언어 능력도 천차만별이다. 오히려 내가 잘 새겨들어야 하는 경우도 많다. 오래전에 이집트에서 3명의 바이어가 한국에 왔는데, 영어 사전을 지니고 다니며 단어 몇 마디씩을 말하는 수준이었다. 공항에서 만났을 때, 바이어가 "Sky water come?"하고 묻길래 곰곰이 생각해보니, '비가 오느냐?'는 뜻이어서 파안대소한 적이 있었다. 또 한번은 인도로 우리의 기계 기술자와 함께 기술지원을 갔었는데, 우리 기술자와 인도 기술자 모두 영어의 구사능력이 전혀 없었지만, 기계를 앞에 놓고 서로 손짓 발짓과 표정으로 충분히 의사소통이 이루어지는 것을 경험하였다.

서류작성과 관련하여, 서로 간에 충분히 상담한 후에 바이어가 주문을 확정하고, 계약서나 견적서를 요구하는데 Sales Contract(계약서)나 Proforma Invoice(견적서)라고 하는 서류를 작성해야 한다. 통상적으로 가송장이나 견적송장이라고 하는 Proforma Invoice는 수출회사명, 수입회사명, 상품명, 수량, 금액, 납기, 거래은행 계좌 정보 등을 일체 영문으로 기입하여 작성해야 한다. 이후 바이어로부터 수출대금이 입금되면 물품을 선적해야 하는데, 이때 작성하는 서류로서 상업송장(commercial invoice), 포장명세서(packing list), 선하증권(bill of lading), 원산지증명서(certificate of origin)가 가장 기본적인 선적서류이다. 이 네 가지 기본서류는 수출할 때마다 반드시 필요한 서류인데, 그중에서 수출자는 상업송장과 포장명세서만 작성하고, 선하증권은 선박회사에서, 원산지증명서는 상공회의소에서 발급하는 서류이다. 선적서류를 처음 한번만 작성하고 나면, 그다음부터는 수량이나 금액, 납기 등 일부만 수정하기 때문에 전혀 어려움이 없다.

무역실무 교육과 관련단체

무역실무와 무역영어에 대하여 좀 더 체계적으로 알고 싶다면, 시중 서점에 그와 관련된 다양한 이론 서적이 출판되어 있으니 자신에게 적합한 책을 골라서 일독한 후에, 업무를 진행하는 과정에서 필요할 때마다 수시로 참고하면 좋다. 수출실무에 대한 이론과 흐름을 숙지하고 있으면, 수출사업을 단계적으로 잘 수행해 나갈 수 있고 시행착오도 크게 줄일 수 있다. 따라서 본서는, 초심자가 1인 수출기업을 최대한 효율적으로 창업하고, 안정적으로 경영할 수 있도록 돕는 데 초점을 맞추었다. 그러나 사업이라는 것은 항상 변수가 있게 마련이기 때문에, 책에 나와 있는 지식만으로는 절대적으로 부족하다. 즉, 이론적인 교과서방식에만 의존하면 안 되고, 그때

그때의 상황에 맞게 적절하게 대처해야 한다.

더불어 무역실무와 관련하여 좀 더 깊이 있게 학습하고 싶다면, 한국무역협회(www.kita.net)의 무역아카데미 교육과정을 추천하고 싶다. 무역업무와 관련하여 다양한 강좌가 단기과정이나 속성과정으로 개설되어 있다. 또한 국제무역사나 관세사 자격증이라는 제도가 있고, 그와 관련하여 자격증을 취득하는 강좌도 개설되어 있는데, 자격증은 취득하면 좋고 도움이 될 수도 있지만, 굳이 1인 수출기업을 창업하여 사업을 할 사람에게는 있으면 좋지만 없어도 전혀 상관이 없다.

굳이 필요하지도 않은 자격증을 많이 취득하려는 사람이 있는데, 이는 시간과 에너지의 소비뿐만 아니라 유한한 인생자원을 낭비하는 결과를 초래한다.

무역진흥과 관련하여 공신력 있는 국가기관으로 대한무역투자진흥공사(www.kotra.or.kr)를 추천하는데, 여기에도 여러 무역실무와 관련된 강좌와 교육연수 프로그램이 잘 마련되어 있다. 그리고 대한무역투자진흥공사는 마치 전 세계에 있는 대사관처럼 전세계 여러 나라에 해외무역관을 설치하여, 해외 바이어들에게 우리의 상품을 홍보하고 거래를 알선해 주며, 해외시장진출전략 등의 다양한 수출업무를 지원해 주고 있다. 그밖에 대한상공회의소, 한국무역보험공사, 중소벤처기업부, 지방자치단체나 FTA 무역관련단체 등으로부터도 필요한 정보를 수시로 받을 수 있으며, 사업을 하면서 여러 가지 어려운 문제나 애로사항이 발생하면, 이러한 기관이나 단체의 관련 전문가들과 상담을 통하여 극복해 나갈 수 있다.

그러나 무역 이론에 관한 서적이나 교육, 전문가는 단지 참고자료로서만 유용하고, 최종적으로는 본인 자신이 종합적으로 판단하여 결정하고 실행해야 한다. 왜냐하면 대부분의 이론서나 관련 서적을 저술한 저자들도, 실제로 사업을 하지 않았거나 이론적으로 습득한 내용이고, 교육이나 전문가들도 단편적이거나 이론적일 수밖에 없는 한계점이 있기 때문이다. 우스갯소리로 "배짱을 가지고 삽시다"라는 책을 지은 사람이 배짱이 없고, "돈 버는 방법"이라는 책을 쓴 작가가 돈이 없다는 말도 있다.

아무튼 1인 수출기업을 경영하면서 그때그때 필요한 사항들을 인터넷으로 검색해보고 관련 책자를 참고하며, 여러 수출관련단체와 지원기관들을 적절하게 이용하면, 사업과정에서 발생되는 모든 문제들을 충분히 해결해 나갈 수 있으며, 점점 자신만의 경험과 노하우가 축적되면서, 더욱 자신감을 가지고 소기의 목적을 달성할 수 있다.

비즈니스
수출상담

비즈니스는 사람과 사람의 만남이다. 즉, 사람과 사람이 만나서 상담이나 협상을 통하여 이루어지는 상대적인 업무이다. 그러므로 상대방과 어떻게 상담하느냐에 따라서 비즈니스의 성패가 좌우된다. 더군다나 수출기업의 상대는 다소간에 생김새가 다르고, 언어와 문화, 관습 등이 이질적인 외국인을 상대로 진행하는 비즈니스이다. 그래서 처음에는 다소 어색하고 불편하거나 잘 모르는 점도 많이 있지만, 오히려 그것이 더 나은 장점이 될 수도 있다. 왜냐하면 내국인끼리는 언어와 문화, 관습 등이 모두 똑같기 때문에, 비즈니스의 성격에 따라서 서로 간에 어떤 보이지 않는 심리적인 관계가 형성되지만, 외국인과는 서로 다른 이질감 속에서 발생되는 상호 간의 신비감도 있고, 또한 손님과 같은 생각으로 존중하는 마음이 생길 수도 있으며, 그와 같은 호감 속에서 나이를 떠나 친구 관계로 발전할 가능성도 있다.

그러나 수출기업의 비즈니스 상담은 근본적으로 판매자와 구매자의 만남이기 때문에, 서로 지향하는 목표가 정반대로 극과 극일 수밖에 없다. 단적으로 말해서, 한쪽은 원하는 가격에 제품을 판매하고자 하고, 다른 한쪽은 한 푼이라도 더 싸게 사려는 본능이 존재한다. 따라서 서로 간에 조금씩 양보하며 협상을 잘 진행하면 거래가 원만히 성사되고 서로에게 win-win적인 비즈니스가 되지만, 그렇지 않고 각자의 주장만 고집하고 일체 양보하지 않는 경우에는 수출계약이 어려워진다. 따라서 이러할 때는 충분히 생각할 기회와 마음속에 여유를 가질 수 있는 국면 전환을 위해서 함께 식사한다거나 연회를 즐길 수 있는 시간을 갖고 난 뒤, 추후에 다시 상담을 시도하는 것이 바람직하다.

특히 상담이 내 뜻대로 잘 안 풀린다고 해서 상대방에 대하여 내심 불쾌하게 생각하거나, 에티켓에 어긋나는 언행은 절대 삼가야 한다. 또한 상대방을 얕보거나 틀렸다고 생각하지 말고, 단지 상대방도 나와는 다르지만 속으로는 다 깊은 생각을 가지고 있다는 점을 인식해야 한다. 혹시 노파심으로 덧붙이는데, 행여 마음속에서라도 상대방을 욕하거나 원망하는 일은 삼가야 한다. 왜냐하면 인간은 느낌이나 감각으로 금방 알아챌 수가 있기 때문이다. 개나 고양이 등 동물들도 호불호에 대하여 매우 민감한데, 하물며 인간이야 두말할 필요조차 없다. 아무튼 너무 지나치게 내주장만 하거나 욕심을 내지 말고, 비즈니스 상담의 예의와 품격을 지키며, 상대방의 인격과 자존심을 존중해야 한다. 겸손하고 공손하며 친절한 에티켓이 있는 상담태도가 가장 좋은 수출 마케팅 전략이다.

한국에 처음 오는 바이어는 가급적 공항에서 직접 픽업하여 비즈니스를 빨리 시작하는 것이 좋다. 왜냐하면 바이어들은 보통 여러 한국 업체들을 접촉하려고 하는데, 우선적으로 만나서 먼저 좋은 인간관계를 만들고 비즈니스를 성사시키면 바이어는 다른 업체들을 만날 필요도 없고, 또한 바이어를 다른 업체에 뺏길 염려도 없다. 비즈니스로 만났지만 좋은 인간관계를 형성하기 위하여 국가별 문화와 취향을 고려하여 적당히 식사도 함께하고, 여가 시간을 공유하는 것도 아주 도움이 된다.

나는 우리나라의 고유 문화와 전통을 소개하고자 국립국악원의 국악공연이나 난타를 함께 관람하거나, 독립기념관을 함께 방문한 후에, 뒤풀이로 우리의 전통 국주인 막걸리를 함께 마시며 바이어와 깊은 우정을 쌓을 수 있도록 노력한다. 왜냐하면 business relationship은 human relationship이나 friendship을 그 밑바탕으로 하기 때문이다. 이렇게 하여 좋은 인간관계와 우정을 돈독히 하면, 평생 친구처럼 좋은 비즈니스 관계를 지속할 수 있다. 따라서 online 상담보다는 offline 상담이 훨씬 더 비즈니스의 성사율이 높다. 정말 직접 만나서 얼굴을 마주 보고 다과라도 함께 하는 것이 수출 비즈니스의 지름길이다. 나와 인연이 닿아서 내한한 바이어 가운데 거의 95%의 바이어는 나와 비즈니스 수출상담이 성공하여, 수출 거래가 성사되었고 좋은 인간관계를 형성하였다.

인도 바이어의 사무실에서

인도 바이어의 직원들과 함께

인도 바이어의 결혼식 참석

비즈니스 이익추구와 손실예방

세상사가 그렇듯이, 비즈니스에서도 돈이 기본이자 출발점이다. 어느 누구라도 돈을 마다할 사람이 없고, 돈을 싫어할 사람도 없다. 참으로 돈이라는 것은, 우리 인간 생활에 있어서 필요조건이자 유한자원이다. 따라서 비즈니스의 상담에 있어서, 가격 협상이 가장 힘들고 어렵다. 수출협상에서 일단 가격이 합의되고 나면, 납기나 대금결제 조건, 품질관리 등은 비교적 쉽게 합의에 이른다.

대부분의 바이어들은 상담 전에 이미 여러 업체들과 접촉하였거나 견적을 받았고, 또한 자신이 취급하는 상품에 대하여 세계적인 추세나 시세를 잘 알고 있다. 따라서 이러한 점을 감안하여 너무 많은 욕심을 내어 견적 가격을 높게 책정하지 말고, 상담에서 바이어와 가격을 절충하게 될 것을 대비하여 적당하게 산정해야 한다. 어떤 사람들은 대박을 기대하기도 하는데, 이 세상에 눈먼 고기는 없다. 있다면 상대방을 바가지 씌운 것인데, 이는 지극히 비양심적이며 사기의 일종이다. 그러므로 재물에 너무 탐욕을 내지 말고, 노동에 대한 정당한 대가를 추구해야 할 것이다.

무역은 수출자와 수입자가 있는 국가 대 국가 간의 거래이기 때문에 수출자가 상품을 먼저 보낼 것이냐, 아니면 수입자가 대금을 먼저 보낼 것인가의 이슈가 생긴다. 특히 상호 간에 첫 거래이거나 신용이 충분히 쌓이지 않은 경우에는, 서로의 위험부담 때문에 어느 쪽도 먼저 보내길 주저하거나 꺼려한다. 따라서 이럴 경우를 대비하여 국가 간의 거래와 관련하여 많은 국제무역 법규와 규칙이 제정되어 있다.

대표적으로 가장 많이 쓰이는 수출대금 결제방식이 단순송금(T/T)과 신용장(L/C) 방식이 있는데, 전자는 수입자가 선수금을 먼저 보내고 나서 수출자가 물품을 선적한 후에 선적서류를 근거로 잔금을 받는 것이고, 후자는 수입자의 거래은행이 신용장을 발행해서 물품대금에 대하여 보증을 서는 방식으로, 일종의 신용카드와 유사한 시스템이다.

아무튼 모든 비즈니스의 거래와 마찬가지로 국제무역에 있어서도 위험성은 상존해 있기 때문에, 피해를 당하지 않도록 항상 주의를 기울일 의무가 요구된다고 하겠다. 따라서 바이어가 외상거래를 요구할 경우에는 매우 신중하게 판단해야 하며, 자칫하면 상대방의 요구대로 끌려다니거나, 미수금이 발생하는 피해를 볼 수도 있다. 나는 이제껏 한번도 피해를 당한 적이 없는데, 거래를 할 때는 공사를 확실히 구분하여 대처하는 까닭이기 때문이다. 아무튼 이 세상에는 좋은 사람들이 더 많지만, 불량하고 사기 기질이 있는 사람들이 반드시 있으니 조심하고 또 조심해야 한다. 그렇다고 구더기 무서워서 장 못 담을 수는 없는 것이고, 너무 의기소침해할 필요는 없다. 다만 지극히 조심할 것을 권유하는 경계의 조언이다.

수입자의 입장에서는 수출대금을 모두 지불한 후에야 자국의 세관에서 물품을 통관하여 검수할 수 있기 때문에, 이 역시 커다란 위험부담으로 여길 수밖에 없다. 만약 운송 도중이나 물품 자체에 하자가 발생하여 바이어가 불만을 제기하거나 클레임을 요구하면, 수출자는 즉시 이에 대응하고 적절하게 대처하여 바이어로 하여금 안심하고 계속 거래할 수 있도록 해야 한다. 수출자로서는 다소간의 비용 부담이 추가될 수 있을지 모르지만, 바이어와의 인간 관계가 한층 더 업그레이드되어 장기적으로 보면 상호 간에 이득이 배가된다.

2. 창업과정 단계

1인 수출기업의 창업 환경

이 세상에는 혼자서 해야 하는 일과, 혼자서도 모든 것을 잘 도모해 나가는 사람들도 많다. 예를 들어 스님이 수행을 한다든지, 작가가 글을 쓴다든지 하는 것처럼 종교, 예술 등 여러 분야가 있다. 어차피 인생이라는 것은 홀로 왔다가 홀로 돌아가는 것이 아니겠는가. 그러나 홀로라고 해도 실제로는 혼자가 아니다. 서로 연관이 있는 것과, 관련이 있는 모든 사람들이 직·간접적으로 연결되어 있다.

1인 수출기업도 마찬가지이다. 홀로 창업한다고 해서 모든 일을 혼자서 처리하고 완성하는 것이 아니다. 즉, 여러 사람, 기관, 단체들과 연결되어 있고, 이들과의 협력관계에서 사업을 진행하는 것이다. 예를 들어 해외 바이어와 거래를 하며, 국내 제조공장이나 공급업체와 협력관계를 맺고, 은행을 통해 수출대금을 결제받고, 운송업체와 선박업체를 통하여 국내외 운송을 담당하게 하고, 정부기관이나 세관을 통하여 수출신고가 이루어져서 수출이 진행된다. 이외에도 필요한 때에 무역협회나 무역투자진흥공사, 상공회의소, 무역보험공사, 지방자치단체나 관련 협회로부터 언제나 도움과 지원을 받을 수 있다.

이와 같이 모든 수출 진행 과정이 여러 분야의 사람들이나 관련 기관과 단체들로 연결되어 협력관계에 있지만, 1인 수출기업인은 그들의 협력을 바탕으로, 처음부터 끝까지 모든 것을 혼자서 판단하고 결정하며 경영해 나가야 한다. 마치 연극이나 영화의 감독과 같이, 전 과정을 통솔하며 이끌어 가야 한다. 물론 그에 따르는 모든 결정과 결과에 대한 책임은 전적으로 혼자서 감당해야 할 자신만의 몫이다. 이는 자신의 인생은 자신의 주관하에 살아가야 하는 것과 마찬가지로, 자신의 인생에 대한 주체적인 결정권이다.

따라서 1인 수출기업을 경영하는 사람은 모든 사업 계획을 독자적으로 설계하고 실천할 수 있다. 그 누구의 간섭이나 지시를 받을 필요가 없이 자율적으로 모든 일을 계획하고 실행할 수 있는 것이다. 그러므로 언제나 자신이 원한다면 스스로 도전할 수 있고 자유롭게 자신의 능력을 펼치며, 인생을 개척하고 성취감을 극대화할 수 있다.

지금은 1인 수출기업을 경영하기에 너무나도 좋은 사업환경이 조성되어 있다. 마치 옛날에는 농사일을 할 때 동네 사람들이 모두 협력해야만 했지만, 지금은 농업기계가 개발되어 농부 혼자서도 모든 농사일을 할 수 있고, 공공버스에서도 요금을 받는 버스 안내양이 사라지고 카드 수납으로 대체된 것과 같은 이치다. 이와 같이 인터넷과 모바일로 혼자서도 충분히 수출업무를 할 수 있는 1인 수출기업을 위한 최적의 환경이 조성되어 있다.

수출 사업자금 확보 방안

우리의 모든 일상적인 생활에 있어 돈은 필수 불가결한 요소로서 반드시 있어야 하는 것처럼, 아무리 1인 수출기업이 적은 자본으로 가능하다 해도, 어느 정도의 사업자금은 당연히 있어야 한다. 만약 당장에 끼니를 걱정해야 할 만큼, 수중에 돈 한푼 없는 사람이 어떻게 사업을 할 수 있겠는가. 그런 사람은 찬밥 더운밥 가릴 것이 아니라, 당장 막노동을 해서라도 호구지책을 연명해야 할 것이다. 또한 그런 사람은 눈앞의 현실에 급급하여 사업을 할 수 있는 여력도 없고, 사업을 시작한다고 해도 거의 실패할 것이다.

일차적으로 자신이 어느 정도의 자금을 확보하고 있거나, 부모님이나 친인척, 친구 또는 지인으로부터 일시적으로 차입할 수 있으면 좋을 것이다. 만약 이와 같이 자금을 융통하는 것이 어렵다면, 거래은행이나 무역 관련 기관, 정부, 지방자치단체로부터 정책자금이나 수출진흥금융 등을 알아볼 수 있다. 특히 수출과 관련해서는 정부 등 여러 기관과 단체들에서 수출진흥을 위한 정책자금을 운용하고 있다. 이들을 적절히 이용한다면, 사업자금 마련은 크게 문제 될 것이 없다.

그렇다면 어느 정도의 사업자금을 마련해야 할 것인가. 앞에서도 언급했지만 획일적으로 말하기는 어렵다. 자신의 수출 아이템이 무엇인가와, 바이어의 주문물량과 수출대금 결제조건, 그리고 국내 제조공장이나 공급업체와의 거래 조건에 따라서 달라질 수 있기 때문이다. 예를 들어 자신의 아이템이 신변 잡화나 일상용품이고, 수출물량이 그리 많지 않거나, 바이어로부터 전체 수출금액에서 선수금으로 절반 정도의 금액을 받았고, 국내 수출물품 공급업체에는 수출 완료 후에 물품대금을 지불하기로 하였다면, 그리 많은 유동자금이 필요하지 않을 것이다. 그러나 이와 달리 산업 설비나 중장비를 취급하면서, 신용장 방식의 결제 조건이고, 공급업체에게는 수출 전에 물품대금을 지불하기로 하였다면, 다소 많은 자금이 필요할 것이다. 물론 신용장 방식의 경우에 있어서는, 수출을 진행하기에 앞서 거래은행으로부터 수출대금을 선불로 활용할 수 있는 방법이 있기는 하다.

결론적으로 바이어로부터 단순 송금 방식(T/T)으로 오더를 받을 때는 선수금을 가급적 많이 받는 것이 자금을 활용하는 데 유리하고, 신용장(L/C) 방식인 경우에는 수출대금을 미리 당겨서 활용할 수 있도록, 사전에 거래은행과 협의하는 것이 좋은 방법이다. 아울러 수출물품을 제조하는 공장이나 공급업체와도 수출 전에 계약금만 지불하고, 수출이 완료되고 나서 바이어로부터 모든 수출대금이 입금되었을 때, 물품대금을 지불할 수 있는 조건이라면 유동 자금은 그리 많지 않아도 무방할 것이다. 따라서 수출사업을 진행하다 보면 여러 가지 방법을 찾을 수 있으니, 처음부터 지레 겁을 먹고 위축될 필요는 전혀 없다. 하늘은 스스로 돕는 자를 돕는다고 하지 않았던가. 뜻이 있는 곳에 길이 있고, 무에서 유를 창조하는 것이 사업가의 길이다.

수출 아이템의 발굴 및 확정

수출 아이템은 사업의 성패를 가를 수 있는 가장 중요한 이슈이다. 먼저 자신이 잘 알고 있거나 약간의 취급 경험이 있는 수출 아이템이면 아주 좋다. 그러나 딱히 마땅한 수출 아이템이 없을 때는 관심이 있거나 자신의 적성과 취향에 어울리고, 꼭 한번 다뤄보고 싶은 것을 찾으면 된다. 좋은 수출 아이템은 어느 날 우연히 하늘에서 뚝 떨어지는 것이 아니다. 없으면 찾아내고 만들어 내는 것도 사업적인 수완이다. 중요하고 전문적인 수출 아이템을 하나 선정하고, 더불어 차선책으로 두세 개의 수출 아이템을 선정할 수 있다면 금상첨화이다.

자신이 잘 알고 있고 자신감이 있는 수출 아이템이라고 하더라도 취급할 때 위험하거나 운송 중에 변할 수 있고 상하기 쉬운 것은 1인 수출기업의 아이템으로서 적합하지 않다. 또한 국제적인 수출입 교역 상품으로 제한이 있거나 금지 품목은 피해야 한다. 그리고 너무 한국적인 것은 우리에게는 소중한 것이지만, 국제적인 보편성이 없다면 좋은 수출 아이템이라고 할 수 없다.

특히 더 중요한 점은 외국에는 없는 제품이거나 있더라도 품질이나 가격, 디자인 등 우리의 것이 경쟁력이 있고, 잘 팔릴 수 있는 제품이라면 가장 좋은 수출 아이템이라고 말할 수 있다. 나는 처음에 문구와 완구류를 수출 아이템으로 시작을 하였는데, 그 종류가 너무 다양하고 복잡하여서 혼자서는 감당하기가 매우 벅찼다. 그래서 중고의류를 수거하는 업자들로부터 중고의류를 매입하여 수출하였는데, 자국 산업을 보호하고자 중고의류의 수입을 규제하는 국가가 늘어나서 중고의류 아이템의 수출을 중단하였다. 그 후에 건설기계나 중장비를 취급하고자 하였으나, 단위가 너무 크고 소요자본이 막대하여, 다시 수출 아이템을 농업기계로 바꿔서 약 20년 전부터 현재까지 수출을 하고 있는 중이다.

일단 수출을 하고자 하는 아이템을 선정하였다면, 그 아이템에 대하여 세계 시장의 상황과 추세를 파악하여야 한다. 보통 수입을 업으로 삼는 바이어들은 어느 나라의 상품이 자신의 시장에 적합하고 잘 팔릴 수 있는지를 대략적으로 파악하고 있다. 따라서 수출자는 자신의 수출 아이템이 어느 국가에 적합하고 경쟁력이 있는지를 미리 파악하여 해당 국가들을 선별하고, 더불어 시장분석과 주요 목표시장을 선정하여, 수출 마케팅 전략을 수립해 보는 것이 좋다.

이제 수출 가능성이 있다고 판단되었으면 국내 공급처를 확보해야 하는데, 제조 공장이나 전문업체를 물색해서 서너 군데의 협력 업체를 확보해 놓는 것이 유리다. 이들 협력 업체들과도 유대 관계를 잘 맺어서 인간관계를 돈독히 하는 것이 앞으로의 수출 사업을 진행하는 과정에서 서로 도움을 주고받을 수 있는 긴밀한 관계가 잘 이루어질 수 있다. 상호 간에 인격적으로 존중하고 대우하여 건전한 수출 사업 관계를 형성하는 것이 쌍방에게 서로 유익하다.

방글라데시 바이어와 천안 독립기념관에서

수출 마케팅 홈페이지의 개설과 역할

온라인상에서 수출 상품의 홍보를 위한 홈페이지를 만드는 것은 마치 회사의 간판을 다는 일과 같다. 즉, 회사의 탄생을 알리며 회사의 상품을 홍보하고, 바이어와 수출 상담을 할 수 있는 기반이며 핵심이다. 또한 1인 수출기업에 있어서, 거의 모든 수출 거래는 온라인을 기반으로 이루어지기 때문에, 수출 마케팅을 위한 홈페이지의 중요성은 아무리 강조해도 지나치지 않는다.

아무리 좋은 상품도 바이어가 알지 못하면 수출을 할 수 없고, 따라서 수출을 못하면 회사에는 어떠한 이익도 창출되지 않는다. 곧 수출 마케팅은 회사의 존립 근거이자, 생존권이라는 절실한 문제이다. 그러므로 수출 마케팅이 최고로 중요하다는 인식하에, 있는 정성을 다하여 수출 홍보용 홈페이지를 최대한 잘 만들도록 하자. 또한 가능하면 수출거래 지원과 관련된 많은 플랫폼에 자신의 수출 상품을 등록할 수 있는 사이트를 많이 만드는 것이 유리하고, 많으면 많을수록 수출할 수 있는 기회가 더욱 증가한다. 예를 들어 무역협회나 무역투자진흥공사, 페이스북, 인스타그램, 알리바바 등 수많은 수출거래알선 플랫폼이 있고, 블로그나 유튜브, SNS 등 될 수 있는 대로 많은 홍보 매체를 이용하면, 그만큼 수출 홍보 효과가 높아진다.

이와 같이 수출 홍보용 홈페이지를 개설하고 수출 마케팅 활동을 시작하면, 서서히 관심이 있는 해외 바이어들로부터 수출상품과 관련하여 문의가 들어올 것이다. 그러면 바이어들의 질문에 성심성의껏 답변을 해야 한다. 주로 이메일을 이용하여 거래제의서, 카탈로그, 사진, 동영상, 가격표 등을 발송하고 수출상담을 하였는데, 요즘에는 모바일로 채팅을 하듯이 수출상담을 하는 경우가 더 많아지고 있다. 이렇게 서로 수출상품에 대하여 질문과 답변을 하는 과정에서, 바이어의 의중이나 관심 사항을 잘 파악하고 적절히 대처하여, 목표로 하는 수출이 성사될 수 있도록 해야 한다.

수출 상담을 하는 과정에서 상대방을 압박하거나 조급함을 보이는 것은 금물이다. 느긋하게 서두르지 말고, 바이어가 충분히 숙지하고 시간을 갖고 결정하도록 배려해야 한다. 나의 경험으로 볼 때, 수출은 마치 낚시를 하는 것과 같다는 생각이 든다. 왜냐하면 수출은 기다림의 연속인데, 입장을 바꿔서 생각해보면 알 수 있다. 바이어들은 이것저것 다 재보고 비교도 해보고, 모든 것들을 다 검토한 후에 결정하기 마련이다. 따라서 나의 경험으로는 보통 수출상담을 시작하여 최소 6개월이나 1년 정도는 걸리거나, 아니면 수년이 지나간 후 잊혀질 만할 때 거래가 성사되는 경우도 있었다. 그러므로 장기적으로 긴 안목을 가지고, 부지런히 수출 낚싯밥을 뿌리는 것이 미래의 수출전략이다.

이렇게 온라인을 통하여 수출거래가 성사되는 경우도 많지만, 서로가 온라인에서 수출상담을 통하여 알게 된 후에 전시회나 박람회, 또는 해외출장 등을 통하여 직접 만난다면 거의 99%는 수출거래가 성사될 것이다. 따라서 온라인상에 있어서 수출 홍보 마케팅 활동은 1인 수출기업인에게 있어서 가장 필수적이고도 중요한 업무라고 하지 않을 수 없다.

수출기업 창업준비 디테일

공장이나 점포, 직원이 없는 1인 수출기업은 딱히 물리적인 사무 공간이 그다지 큰 의미가 없다. 인터넷이나 와이파이가 가능하고 컴퓨터나 모바일만 있으면 언제 어디서나 사무실과 같은 역할을 한다. 따라서 비즈니스 출장 중이나 해외여행 중에도 바이어와 교신이 가능한 곳이라면 카페나 식당, 쇼핑몰, 호텔 등 어디서나 수출상담이 가능하다. 참으로 편리한 세상이며, 수출 업무를 수행하는 데는 최적의 조건이 아닐 수 없다.

다만 법적으로 창업을 하기 위해서는 일정한 소재지가 필요하며, 또한 비즈니스 명함을 만들거나 우편물을 발송하고 수령하기 위해서라도 사업장 소재지는 꼭 필요하다. 따라서 자신의 주택을 주소지로 삼을 수도 있고, 공용 사무실을 이용하거나 지인의 사무실을 주소지로 등록할 수도 있다. 굳이 임대료를 지불해야 하는 사무실을 사용할 필요는 없다.

이제 1인 수출기업을 창업하기 위하여 법적으로 사용할 회사명을 작명할 차례이다. 수출기업이기 때문에 가능한 한 외국인이 발음하기 편하고 부르기 쉬운 것이 좋다. 자신만의 색깔과 취향에 따라 고유한 회사 이름이면 무난한데, 영어로 표기했을 때에도 별 무리가 없으면 더욱 좋다. 나는 우리나라 고유의 전통을 살리는 의미에서 판소리 춘향가에서 유래한 "춘향무역"을 사용하다가 수출 아이템을 농업기계로 바꾼 뒤에는 홍보무역으로 작명할까 하다가, 외국인이 부르기가 어려울 것 같아서 "창부무역"으로 정하여 지금까지 사용하고 있다. 참고로 창부무역은 경기민요 창부타령에서 발상하였는데, 창부타령의 가사 내용에는 우리의 삶과 인생, 우주, 철학 등 세상만사가 다 담겨있다.

사업을 하는 것은 사람을 만나는 일로부터 시작되는 것이니, 처음에 만날 때는 꼭 명함을 주고받으며 인사를 나누고 나서 사업을 논의하는 것이 에티켓이다. 그러므로 비즈니스 명함을 잘 만들어야 하는데, 명함에는 자신의 회사명과 이름, 주소, 전화번호, 이메일, SNS주소 등을 표기하면 될 것이다. 가능하면 자신의 사진을 넣는 경우도 있는데, 이는 상대방이 기억하기 쉽도록 하는 방법이다.

지금은 스마트폰으로 사진이나 동영상을 그때그때 즉시 주고받을 수 있어서 옛날보다는 그 중요성이 크게 떨어졌지만, 그래도 가급적 상품에 대한 설명과 사진, 스펙 등이 들어가 있는 카탈로그가 대면으로 상담할 때에는 매우 유용하고 긴요하다. 아울러 CD나 USB에 필요한 자료나 스펙, 동영상 등을 저장하여 바이어에게 전달하면 더욱 관심과 호감을 갖게 될 것이다. 아무튼 시대가 자꾸 발전하여 새로운 문명의 이기가 나타나므로, 자신의 수출 아이템에 적합하고, 가장 효과적으로 널리 홍보할 수 있는 적절한 매체를 선정하여 수출 마케팅의 목적을 달성하면 된다.

검색
KOREA SPECIAL
구보다트랙터
H.C. Park (agricultural machine)
I am specialized in exporting good agricultural machines & parts in Korea.
WhatsApp:+
스토리에 추가
Changboo Trading Corp.

페이스북 사이트

사업자등록 신청과 세무신고

이제 모든 것이 준비되었으면 지역관할 세무서에 사업자등록을 신청하여 1인 수출기업으로서 법적으로 창업을 완료하자. 사업자등록 신청은 직접 지역관할 세무서를 방문하여 신청하거나, 인터넷으로도 간편하게 신청할 수 있다. 세무서에서는 과세 기준에 따라서 간이과세자나 일반과세자 등으로 나누는데, 수출기업은 일반과세자로 등록을 한다. 업태는 도소매이고, 종목은 수출이나 중요 아이템의 명칭을 기재하면 된다.

혹시 사업장의 주소를 주택지나 자가로 신청하면 사업자등록 신청이 반려되는 경우가 있는데, 이때는 전자 상거래업으로 신청하거나 세무서 직원과 상담을 통하여 적절한 방법으로 신청하면 된다. 지금은 1인 창업 회사들이 많이 증가하는 추세에 있기 때문에 크게 문제 되거나 어려움은 없을 것으로 생각된다.

사업자등록 신청이 완료되면 관할 세무서로부터 사업자등록 번호가 부여된 사업자등록증을 교부 받게 된다. 이제부터 개인적인 소비활동을 제외한 모든 사업적인 거래는 사업자등록증에 있는 회사명과 등록 번호에 의하여 이루어진다. 국내제조업체나 공급업체로부터 수출물품을 매입하고 세금계산서를 발급받거나, 수출물품을 선적하기 위하여 세관에 통관을 요청하거나, 기타 무역관련 단체나 협회, 기관 등 모든 대외활동에는 사업자등록증이 반드시 필요하다.

사업자등록을 완료하였다 함은 수출기업으로서 국가의 보호를 받을 수 있고, 따라서 정당한 권리를 주장할 수 있으며, 향후 기업의 수출실적에 따라서 국가에 세금을 납부해야 하는 납세의 의무를 부여받는 것이다. 수출기업은 기본적으로 일반과세자로서 분기별로 부가가치세 신고와 매년 종합소득세 신고를 해야 한다. 세무신고는 자신이 직접 할 수 있는 능력이 있으면 직접 신고하면 된다. 그러나 세무신고는 회계상의 전문지식을 요구하고 시간이 충분치

않아서 늘 바쁜 1인 기업인은 세무대리인을 선정하거나 지정하여 세무신고를 대행하도록 하면 된다. 거래하면서 발생되는 세금계산서, 영수증 등 모든 세무자료들을 잘 모아서 보관해 두었다가 제때에 세무대리인에게 보내서 세무신고와 부가가치세 환급 등의 모든 세무업무를 위탁하면 된다.

창업과정 단계와 그 흐름에 따라서 사업자등록을 하는 것이 순서이지만 굳이 서둘러서 사업자등록을 신청할 필요는 없다. 즉, 자신의 사업 스케줄과 첫 번째 수출이 진행되는 타이밍을 예측하며 신청해도 된다. 따라서 첫 번째 수출 오더를 확보한 후에 사업자등록을 신청해도 늦지 않다. 사업자등록을 하고 수출거래가 진행되면 소득이 발생하는데, 그 소득에 대하여 일정 부분을 세금으로 국가에 납부해야 한다. 이때 절대 아까워하지 말고 성실히 납부하도록 하자. 만약 국가가 없으면 어디에서 사업을 할 수가 있겠나. 그래도 우리의 조국, 대한민국만 한 나라가 없다.

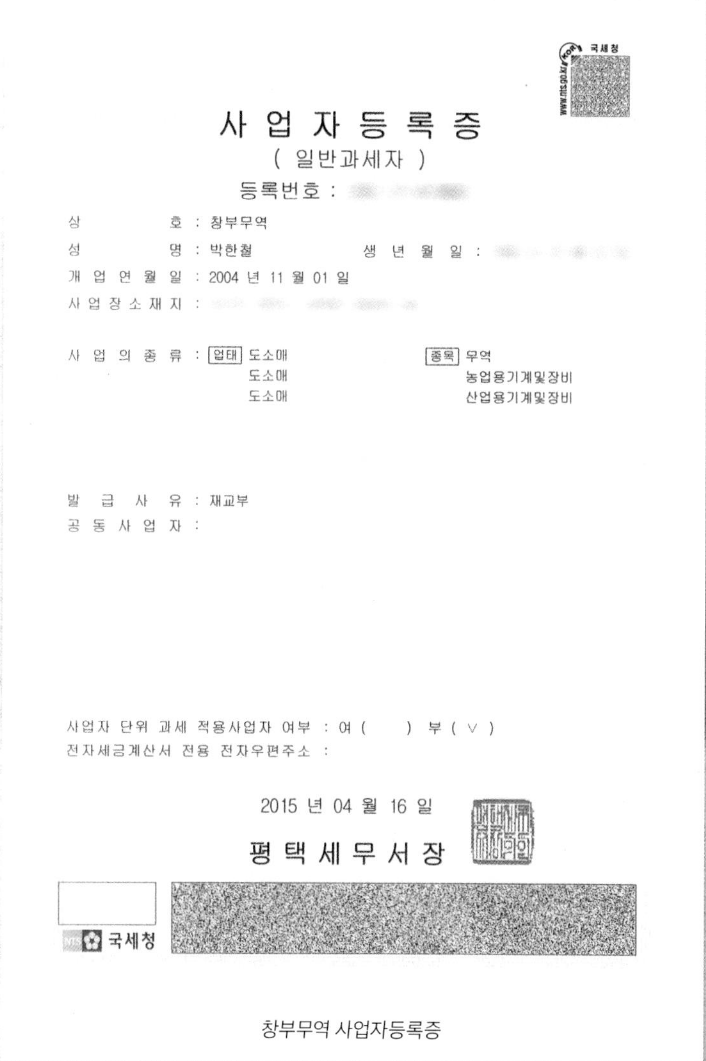

국세청

사업자등록증

(일반과세자)

등록번호 : [illegible]

상　　　　호 : 창부무역

성　　　　명 : 박한철　　　　생 년 월 일 : [illegible]

개 업 연 월 일 : 2004 년 11 월 01 일

사 업 장 소 재 지 : [illegible]

사 업 의 종 류 : 업태 도소매 / 종목 무역

도소매 / 농업용기계및장비

도소매 / 산업용기계및장비

발 급 사 유 : 재교부

공 동 사 업 자 :

사업자 단위 과세 적용사업자 여부 : 여 (　　) 부 (∨)

전자세금계산서 전용 전자우편주소 :

2015 년 04 월 16 일

평 택 세 무 서 장

NTS 국세청

창부무역 사업자등록증

주거래은행 선정과 외화계좌 개설

바이어와 수출상담이 순조롭게 진행되어 합의에 이르게 되면, 수출자는 바이어(수입자)에게 Proforma Invoice(가송장 또는 견적송장)를 발송하게 된다. Proforma Invoice에는 품명, 수량, 금액, 납기일, 대금결제조건 등과 더불어 수출자의 거래은행에 대한 세부사항을 기재하여, 바이어로부터 수출대금을 단순송금(T/T) 방식이나 신용장(L/C) 방식으로 수취하여야 한다. 이때 거래은행의 세부사항에는 은행명, 주소, 전화번호, 계좌번호, Swift 코드, 수취인명 등이 포함된다.

따라서 평소에 거래하고 있는 은행이 있으면 미리 방문하여 외환

업무를 담당하는 부서를 확인하고, 담당자와 명함을 주고받으며 1인 수출기업의 창업을 알리고, 필요한 내용을 문의하며 확인하는 것이 좋다. 은행 직원의 명함에는 통상적으로 영문으로 된 은행명과 주소가 적혀있으니 참고로 하면 되고, 외화(미화) 통장을 개설하여 계좌번호를 취득한다. 그리고 Swift 코드는 국제적으로 은행 사이에 관련 업무를 처리할 때 사용되는 것으로, 은행 담당자에게 문의하면 알 수 있다.

사전에 바이어와 수출 상담에서 확인했던, 수입자명과 주소, 연락처 등이 포함된 Proforma Invoice를 작성하여 바이어에게 송부하면, 바이어는 이를 합의한 내용과 일치하는지 확인하고, 물품 대금을 송금하거나 신용장을 발행하게 된다. 따라서 바이어가 보낸 수출대금이 거래은행에 도착하면, 은행 담당자로부터 전화나 문자 메시지 또는 이메일을 통하여 통지를 받는다. 그러면 T/T 송금인 경우에는 은행 담당자에게 Proforma Invoice 사본을 이메일이나 팩스로 보내고, 이미 개설되어 있는 외화통장으로 입금을 요청한다. 만약 신용장이 도착한 경우에는 직접 은행을 방문하거나 우편으로 신용장 원본을 수취하여야 한다.

T/T 송금이 자신의 외화계좌에 정확히 입금되었는지 인터넷이나

모바일 뱅킹으로 확인한 후에, 곧바로 제조 공장이나 공급업체에 연락하여 수출물품을 주문하고, 제반 필요한 서류와 선적을 준비를 한다. 그리고 신용장을 수취하였을 경우에는, 신용장 내용을 꼼꼼하게 살펴서, 협의한 내용과 다른 부분이나 오류가 없는지 철저하게 확인해야 한다. 특히 신용장에서 요구하는 선적서류가 너무 까다롭거나 불합리한 부분은 바이어에게 연락하여 신용장의 정정을 요구한다. 만약 이상이 없다면, T/T 송금방식과 같이 수출물품과 선적을 준비한다.

이와 같이 수출 대금을 거래은행을 통하여 수취하는 방식을 알아보았는데, 보다 구체적인 내용은 수출 실무를 진행하는 각론 편에서 부연 설명이 있을 것이다. 수출기업에게 거래은행은 수출 대금 결제와 관련하여 중요한 기관인데, 지금은 인터넷이나 모바일 뱅킹으로 거의 모든 업무를 처리할 수 있고, 특히 필요한 내용이나 서류는 전화나 팩스, 이메일 등을 이용할 수 있으므로, 혼자서 수출 사업을 하는 사람에게는 시간과 수고를 획기적으로 절약하게 한다.

주요 수출관련 기관 및 단체

1) Freight Forwarding 업체

우리말로는 국제운송 주선업체라고 할 수 있는데, 일반적으로 Forwarding 업체라고 부른다. 바이어로부터 주문을 받은 수출물품을 외국으로 보내기 위해서는 선박을 이용한 선적이나 항공편을 이용한 기적을 해야 하는데, 이 업무를 통상적으로 Forwarding 업체가 담당한다. 즉, 수출자인 화주와 선박회사와의 사이에서 Forwarding 업체가 수출화물을 취급하고 알선한다. 따라서 적당한 Forwarding 업체를 선택하여 수출업무를 진행해야 하는데, 처음에는 서너 군데의 Forwarding 업체를 접촉하여 운송료에 대한 견적을 받아본 뒤 선택하는 것이 좋다. 운임견적이 적정하고 성의 있는 Forwarding 업체를 선택해야 경제적인 운임과 적시의 선적 스케줄로 수출을 할 수 있으므로 올바른 Forwarding 업체를 선정하는 것은 매우 중요하다.

2) 대한상공회의소

전국 상공인 연합체 성격의 경제단체로서 전국 시도에 지역 상공회의소가 분포해 있고, 전 세계 거의 모든 나라들에도 상공회의소가 설립되어 있다. 주요 업무는 기업의 경영을 지원하고 후원하는 것인데 수출업무에 반드시 필요한 원산지증명서의 발급을 담당하고 있다. 특히 여러 국가들과 FTA 체결이 늘어남에 따라서 원산지증명서는 꼭 필요한 선적서류 중 하나에 속한다. 따라서 사전에 지역 상공회의소 웹사이트를 검색하여 확인한 후, 필요하면 직접 방문해서 등록해 놓으면 원산지증명서가 필요할 때 온라인으로 신속하게 신청하고 발급받을 수 있다.

3) 한국무역협회

전국의 수출과 수입업체들이 모여서 형성된 단체인데, 무역 업체들의 무역 진흥과 권리 향상을 위하여 설립된 기구이다. 의무적으로 가입해야 하는 것은 아니지만, 무역협회 회원으로 가입하면 많은 혜택을 누릴 수 있다. 대표적으로 무역협회에 가입하면, 무역업 고유번호가 발급되어 수출입 실적을 확인할 수 있고, 필요시 수출 실적증명서를 발급받을 수 있다. 또한 무역관련 교육이나 연수 시에 혜택을 받을 수 있고, 기업인 여행카드 ABTC을 신청하여 해외 출장 시에 여러 나라들을 비자 없이 편리하게 다녀올 수 있다.

4) 대한무역투자진흥공사

글로벌 비즈니스를 지원하는 기관으로, 전 세계에 해외무역관이 설치되어 있어서 수출 기업의 해외시장개척과 해외출장 시에 많은 도움을 받을 수 있으며, 세계 각국의 무역 관련 정보와 소식을 수시로 접할 수 있다. 먼저 웹사이트에 접속하여 충분히 파악한 뒤에, 본사를 방문해 보는 것도 수출업무에 많은 도움이 될 것이다.

회 원 증

Certificate of Membership

회원번호 : [redacted]
Registration No. :

회 사 명 : 창부무역
Company Name : CHANG BOO TRADING CORP

대 표 자 : 박한철
Representative : H.C.Park

주　　소 : 경기도 [redacted]
Address : [redacted]), Rep Of Korea

귀사는 본 협회 정관 제6조에 의한 회원임을 증명합니다.

It is hereby certified that the company mentioned above is a member of the Korea International Trade Association (KITA) in accordance with Section 6 of the KITA Articles of Incorporation.

2016년 10월 13일
October 13, 2016

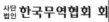

사단법인 **한국무역협회 회장**
Chairman & CEO
Korea International Trade Association

무역협회 회원증

5) 한국무역보험공사

우리나라의 수출 수입보험제도를 전담 운영하는 정부출연기관이다. 수출업체가 많이 이용하는 수출보험은 수출물품의 취급이나 운송 중에 발생되는 손실을 보상하는 적하보험이 아니라 바이어로부터 수출대금에 대하여 미수금이 발생하였을 때를 대비하는 보험인데, 바이어의 신용이 의심되거나 처음 거래를 시작할 때는 가급적 수출보험에 가입해 두는 것이 안전하다.

고향 전통춤을 추는 필리핀 바이어

3. 실무업무 단계

수출 거래제의서 전문 작성

이메일이나 모바일 앱 등 여러 SNS와 수출 홍보 마케팅 플랫폼과 웹사이트를 통하여 관심 있는 외국 바이어들로부터 수출 Inquiry를 받았을 때 즉시 답변할 수 있도록, 자신의 회사 소개와 수출 아이템을 개략적으로 설명하고 홍보할 수 있는 기본적인 수출 거래제의서 전문을 미리 구상하여 작성해 두는 것이 도움이 된다.

처음 대화를 시작할 때 바이어에게 이 기본적인 수출 거래제의서 전문을 보내면, 바이어가 이를 바탕으로 더 알고 싶거나 궁금한 것이 있으면 추가 질문이 이어진다. 이럴 때는 추가 질문의 내용과 의도를 잘 파악하여 성심성의껏 답변을 하면 되는데, 바이어가 만족

하고 제품에 대한 구매를 확정할 때까지 계속된다. 만약 바이어의 질문과 Inquiry에 대하여 즉시 답변할 수 없거나 답변 준비를 위한 충분한 시간이 필요한 경우에는, 미리 양해를 구하고 추후에 정확하게 답변하는 것이 좋다.

온라인에서 바이어와 채팅식으로 수출 상담을 하는 경우에 있어서 임기응변이나 순발력으로 그때그때 즉시 답변을 하게 되는데, 충분히 숙고하지 않고 답변하였다가 번복하거나 취소하는 것은 바이어의 신뢰를 잃거나 불신을 야기할 수 있다. 따라서 충분한 시간과 여유를 갖고 심사숙고하여 올바로 답변하는 것이 중요하다. 또한 바이어가 무례하거나 곤란한 질문 또는 엉터리 같은 이슈를 제기하였을 때는, 즉시 응답하지 말고 한숨 돌리며 어느 정도 시간을 가지고 좋은 생각이 떠오를 때까지 기다렸다가 답변하는 것이 좋다.

이 세상의 모든 사람들은, 저마다 제각기 생각이 다르고 취향도 다르다. 또한 상식적인 사람들이 더 많지만, 간혹 비상식적이거나 몰상식한 사람들과 남을 속이고 자신의 이익만을 추구하는 사람들도 존재한다. 이럴 때는 마땅히 속임수에 당하지 말아야 하며, 속지 않는 방법은 지극히 상식적인 사고와 욕심을 내지 않는 것이다. 그러면 매사에 있어서 어떠한 곤란이나 곤경에 빠지지 않는다.

참고로 나의 회사와 관련한 수출 아이템에 대하여 개략적으로 소개하는 기본적인 수출 거래제의서를 첨부하니, 이를 바탕으로 각자의 수출 아이템에 알맞고 더 훌륭한 수출상담 전문을 작성하여 사용하기 바란다.

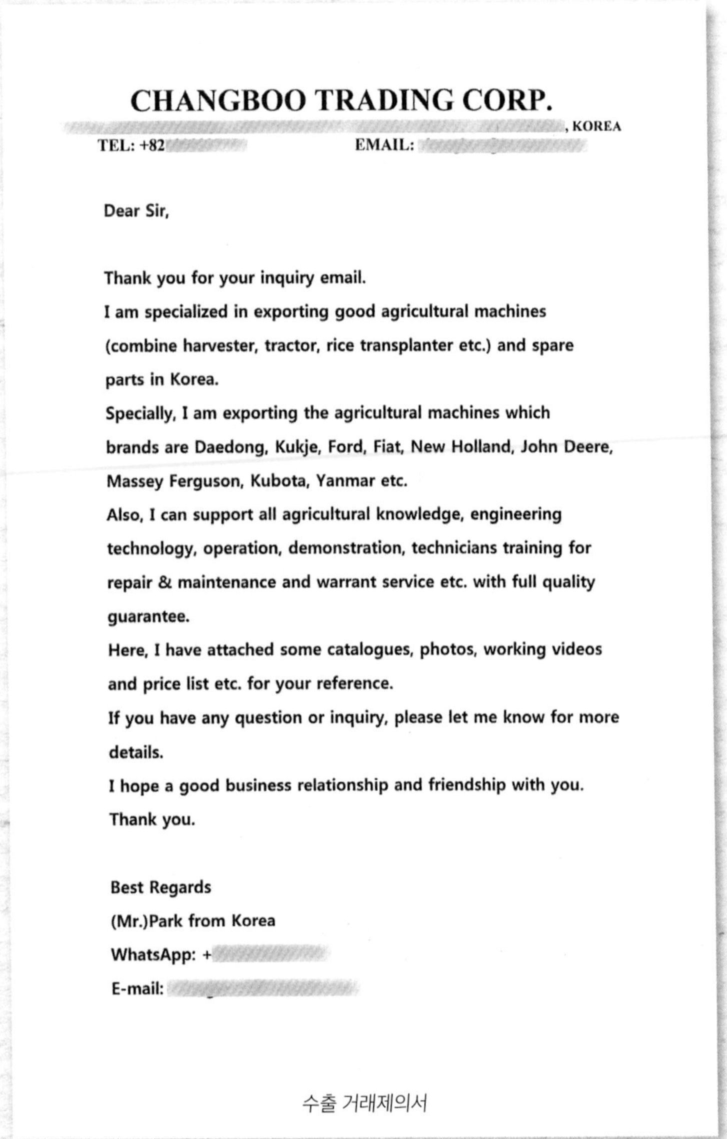

CHANGBOO TRADING CORP.

[redacted], KOREA

TEL: +82[redacted] EMAIL: [redacted]

Dear Sir,

Thank you for your inquiry email.
I am specialized in exporting good agricultural machines (combine harvester, tractor, rice transplanter etc.) and spare parts in Korea.
Specially, I am exporting the agricultural machines which brands are Daedong, Kukje, Ford, Fiat, New Holland, John Deere, Massey Ferguson, Kubota, Yanmar etc.
Also, I can support all agricultural knowledge, engineering technology, operation, demonstration, technicians training for repair & maintenance and warrant service etc. with full quality guarantee.
Here, I have attached some catalogues, photos, working videos and price list etc. for your reference.
If you have any question or inquiry, please let me know for more details.
I hope a good business relationship and friendship with you.
Thank you.

Best Regards
(Mr.)Park from Korea
WhatsApp: +[redacted]
E-mail: [redacted]

수출 거래제의서

수출가격 책정 및 가격표 작성

모든 상거래에 있어서 그렇듯이 수출협상에 있어서도 품질, 디자인, 선적기간, 결제조건 등 모든 것이 중요하지만, 가격이 가장 중요한 포인트이다. 우선 가격이 높고, 저렴하고, 적당하다는 것은 제품의 특성과 가치, 시장의 수요와 공급의 상황, 그에 따르는 시세에 따라 상대적인 것인데, 늘 판매자와 구매자의 입장은 상반되기 마련이다. 따라서 국내외 시장가격의 흐름을 파악하고, 수출국가의 시장상황과 경쟁사 제품의 판매가격 등을 고려하여, 수출상품의 원가에 통상적인 비용이나 제반 경비를 더한 가격에 적당한 이윤을 추가하여 수출가격을 산정해야 한다. 특히 거의 모든 바이어가 가격의 할인을 요구하기 때문에 이를 감안하여 가격을 적당히 조정하도록 한다.

일반적으로 수출가격을 책정하는 방식에 있어서 가장 많이 사용하는 네 가지 조건이 있는데, 운임이나 보험료, 비용, 제반 경비 등을 어느 쪽에서 부담하느냐에 따라 다음과 같이 나뉜다.

FOB(본선인도조건)

Free On Board의 약자로서 상품을 선박이나 항공편에 적재할 때까지의 모든 비용은 수출자가 부담하고, 그 후에는 수입자가 비용을 부담하는 조건이다.

CIF(운임보험료포함인도조건)

Cost, Insurance and Freight의 약자로서 수출자가 상품을 출고하여 적재할 때까지의 모든 비용은 물론, 적하보험료와 목적지까지의 운임을 부담하는 조건이다.

CFR(운임포함인도조건)

Cost and FReight의 약자로서 CNF 조건이라고도 부르는데, 수출자가 상품을 적재할 때까지의 비용과 목적지까지의 운임을 부담하고, 적하보험료는 수입자가 부담하는 조건이다.

EXW(공장인도조건)

EX Works의 약자로서 상품을 공장에서 출고할 때부터 수입자가 모든 비용과 운임, 보험료를 부담하는 조건이다.

이와 같은 수출가격의 조건들은 수출자나 수입자의 어느 한쪽에 일방적으로 유리하거나 불리한 조건이 아니다. 왜냐하면 가격조건에 따라서 비용과 보험료, 운임 등이 가격에 포함되거나 제외되어 최종 수출가격이 변동되기 때문이다. 따라서 이러한 수출가격의 조건들 중에서 어느 것을 택할 것이냐는 수출자와 수입자가 협의하여 결정하는데, 통상적으로 바이어가 원하는 방식으로 정한다. 그러므로 수출자는 위의 네 가지 가격조건들을 고려하여, 미리 수출가격을 책정하고 수출 가격표를 작성해 놓는 것이 편리하다.

Korean New Agricultural Machines

1. New Tractors

Model	FOB Korea US$
1) Kukje 2500 (24HP)	: $9,100
2) Kukje 2900 (28HP)	: $9,620
3) Kukje F36R (35HP)	: $10,920
4) Kukje F42R (40HP)	: $11,570
5) Kukje F47R (45HP)	: $11,700
6) Kukje F50R (48HP)	: $12,090
7) Kukje 5025R (47HP)	: $13,488
8) Kukje 5825R (55HP)	: $14,135
9) Kukje 6225R (60HP)	: $15,600

2. New Combine Harvesters

1) Kukje KC 4075	: $51,500
2) Kukje KC 4075C	: $54,100
3) Kukje KC 5100	: $65,000
4) Kukje KC 5100C	: $67,900

3. New Rice Transplanters

1) Daedong DP488	: $3,950
2) Kukje RGO-60	: $15,680
3) Kukje RGO-60H	: $16,640

4. New Power tiller

1) Daedong DT100N	: $4,500

5. New Cultivator

1) Kukje KMC-N900	: $2,800

6. New Vegetable Planter

1) Kukje KTP-30	: $4,900

7. New Onion Planter

1) Kukje TOP 6A	: $22,000

8. New Garlic Seeder

1) JoEun	: $22,700

가격표

디지털 수출마케팅 자료 준비

해외 바이어와는 원거리에 있고, 또한 지금은 모든 것이 디지털 시대이므로 수출상담도 거의 온라인상에서 진행되고 있다. 따라서 온라인상에서 수출 마케팅을 효과적으로 수행할 수 있는 디지털 자료를 준비하는 것은 지극히 당연하다. 특히 홈페이지는 없어서는 안 되는 필수사항이고, 제품 동영상이나 사진, 스펙 등도 꼭 필요하다. 또한 원거리에서 영상이나 화상으로 수출 상담을 하게 되면, 훨씬 더 능률적이고 효과적이니 그에 대한 준비도 미리 해두는 것이 좋다.

지금은 거의 전 세계에서 모든 사람들이 스마트폰을 사용하고 있지만, 나의 세대만 해도 전화기는커녕 전깃불도 없이 유년 시절을 보냈다. 전기가 없다는 것은 문명의 이기나 그와 관련된 문화가 전혀 없다는 의미이다. 지금은 생활 필수품인 TV나 냉장고, 에어컨, 세탁기 등 모든 전기전자 관련 제품이 부재한 시절이었다. 따라서 지금의 젊은 세대와는 인터넷이나 컴퓨터, 스마트폰 등 디지털 기기의 사용방법이나 능력 면에 있어서 근본적으로 차이가 날 수밖에 없다. 항상 스마트폰을 휴대하고 다니며 매우 능숙하게 사용하고 있는 지금의 젊은 세대는 1인 수출기업을 경영하는 데 있어서 더할 나위 없이 유리하다.

지금의 젊은 세대는 거의 모두가 홈페이지나 동영상 등을 스스로 혼자서도 충분히 만들 능력이 있다. 그러므로 1인 수출기업을 경영하는 젊은이들은 홈페이지나 동영상, 사진, 스펙, 카탈로그 등 모든 디지털 수출 마케팅 자료들을 필요에 따라 그때그때 직접 만들어서 사용하면, 자신의 수출 아이템에 대하여 보다 깊이 있게 알 수 있고, 전문가에게 의뢰할 필요가 없으므로 그에 대한 비용도 절약할 수 있다.

그리하여 자신의 수출 상품을 가능한 한 많은 수출관련 플랫폼이나 온라인상에 올려서, 보다 많은 해외 바이어들이 접할 수 있게

해야 한다. 그리고 수시로 사진이나 동영상을 업그레이드나 업데이트하여, 해외 바이어들이 공유하고 신뢰할 수 있게 만드는 것이 수출 전략상 무엇보다 중요하다. 나도 한때는 컴맹이었고 디지털 문화에 문외한이었지만, 필요에 따라 책도 보고 정보를 찾아서 공부하며 웬만한 수출 마케팅 자료들은 내 손으로 직접 해결하고 있다. 계속적으로 새로운 문명의 이기가 탄생되고 있지만, 마음먹고 노력하면 못할 것이 하나도 없다.

수출마케팅 및 바이어 발굴 확보

이제 수출 마케팅 자료가 준비되었으면, 본격적으로 수출 마케팅을 시작하여 해외 바이어를 찾아야 한다. 즉, 해외영업을 시작하는 것이다. 수출은 상품을 판매하는 일이고, 수입은 상품을 구매는 일이다. 상품을 구매하는 수입은 쉽지만, 상품을 판매하는 수출은 훨씬 어려운 일이다. 그래서 수출을 하다 보면 수입업무는 저절로 알게 된다.

수출 마케팅을 하려면 먼저 해외 바이어를 찾아야 하는데, 현재 가장 간편한 방법은 온라인상에서 자신의 계정을 개설하여 전 세계로 홍보하는 것이다. SNS, 블로그, 트위터, 유튜브, 페이스북, 인스

타그램, 알리바바 등 많은 상거래 웹사이트나 플랫폼에 등록할 수 있고, 무역협회나 무역투자진흥공사 등의 수출거래알선 사이트에 접속하여, 거래를 알선받거나 수입업체 리스트를 확보할 수 있다. 또한 사설 수출알선 업체를 통하여, 유료로 바이어 리스트나 거래 정보를 알선받는 방법도 있다. 그리고 오프라인 방식으로, 국내외 전시회, 박람회 등에 참가하거나 직접 해외출장 통하여 바이어와 만날 수도 있다. 자신이 취급하는 수출 아이템과 관련된 전문 단체나 협회의 조력을 받을 수도 있는데, 자신의 여건에 따라서 적절하고 차근차근히 수출 마케팅을 진행하다 보면 하나둘씩 바이어를 확보하게 되고 수출이 늘어난다.

아무튼 국내영업은 필요할 때마다 즉시 거래처를 직접 방문하여 상담할 수 있지만, 멀리 외국에 있는 바이어를 자주 만난다는 것은 어려운 일이다. 따라서 주로 온라인으로 수출 상담을 하게 되는데, 1인 수출기업을 운영하는 사람의 가장 중요한 일과는, 수시로 이메일과 온라인상에서 메시지를 체크하여 관심이 있는 바이어의 질문에 응답을 하고 수출 거래 제의서를 발송하는 일이다. 직접 대면하여 수출 상담을 진행하는 것과 달리 온라인상에서는 서로가 잘 모르기 때문에 질문과 답변에 따르는 수출 거래 전문과 메시지로 판단하는 수밖에 없다. 따라서 바이어가 요구하는 사항을 잘 파악하여 성심성의껏 응대함으로써 수출 거래를 성사시킬 수 있다.

나는 주로 농업기계를 거의 20년간 수출하고 있는데, 우연한 기회에 알게 된 한 외국인이 농업기계가 필요하다는 연락을 받고 수출을 시작하게 되었다. 처음에는 농업기계에 대한 지식이 거의 전무하여서 농업기계 판매점이나 수리센터 등을 찾아다니며 농업기계에 대한 정보와 지식을 습득하였고, 다양한 방법으로 해외 농업기계 바이어들을 확보하여, 전 세계의 약 50여 개 국가에 수출하였다.

자동차와 마찬가지로 농업기계를 취급하려면, 통상적으로 고장이 발생했을 때를 대비하여 부품과 기술자가 지원되어야 하는데, 부품은 제조공장에서 조달하여 바이어에게 수출할 수 있었고, 기술자 문제는 평소에 가깝게 지내는 판매점이나 수리센터의 도움을 많이 받았는데, 나도 그들로부터 수출에 필요한 제품이나 부품을 구매하였기 때문에, 상호 협력관계를 구축할 수 있었고, 그에 따라 나의 1인 수출기업을 아무런 문제없이 경영하고 있다.

베트남 수출상담회에서 만난 노익장 비즈니스맨

수출 상담요령 및 에티켓

기본사항 단계의 비즈니스 수출 상담에서 어느 정도 언급했듯이, 바이어와의 수출 상담은 그 결과에 따라서 수출여부가 결정되는 중요한 기회이다. 바이어와 처음 얼굴을 마주하는 자리라면 서로 간에 약간의 흥분과 긴장이 있을 수 있는데, 좋은 첫인상을 줄 수 있도록 상냥한 미소로 인사를 나누며 정감 어린 유머로 대화를 나누는 것이 좋다. 아울러 덕담을 나누며 친분을 쌓고, 좋은 상담 분위기를 조성하는 것도 수출 상담에 도움이 된다. 다만 피해야 할 금기사항 같은 것이 있는데, 종교나 정치적인 이슈 또는 상대국의 치부나 생활수준, 편견 등 어두운 면에 대해서는 굳이 대화의 소재로 삼지 않는 것이 현명하다.

이제 자연스럽게 본론으로 들어가서 제품에 대하여 상담을 나누는데, 미리 예단하지 말고 바이어의 의견과 관심을 존중해야 하고, 가급적 나의 의도나 주장은 하지 않는 것이 바람직하다. 대체로 거의 모든 바이어들은 그 분야의 제품을 취급한 경험이 많거나 관련 지식을 많이 갖고 있다. 또한 그 분야 제품의 세계적인 흐름이나 추세를 잘 파악하고 있는 편이다. 따라서 바이어에게 가르치려 들거나 얕잡아 보아서는 안 된다. 바이어도 다 생각이 있고, 그 나름대로 계획이 있을 것이다. 그러므로 수출 상담 시에는 비즈니스에 맞는 품격과 예의를 지키며, 바이어의 인격을 존중하고 겸손하게 상담에 임해야 한다. 그렇게 하면 바이어와 나이를 떠나서 친구 관계도 맺을 수 있고, 호형호제하며 원만한 인간 관계와 좋은 비즈니스 관계를 형성할 수 있다.

바이어와 수출을 상담하는 과정에서 잘 모르는 질문이 나오면 서툰 답변보다는 먼저 확인한 후에, 나중에 정확한 답변을 하는 것이 더 신뢰를 얻게 된다. 따라서 임기응변이나 얼렁뚱땅 거짓으로 대답하면 상대방은 느낌이나 감각으로 짐작하거나 알 수도 있다. 만약 바이어가 원하거나 찾고 있는 제품과 다르거나 없을 때는 성능이 유사한 대체품이나 더 좋은 제품을 권유하는 것도 한 방법이다. 우스갯소리로 에스키모인에게는 냉장고를 팔고, 아프리카인에게는

털 코트를 팔아야 유능한 영업사원이라는 말도 있다.

수출 상담을 할 때는 어느 정도 기본전략이 있어야 하지만, 가급적 유연하고 원만하게 마음을 열고, 바이어의 말에 귀를 기울여야 한다. 특히 가격을 상담할 때는 뜻대로 잘 안 풀리는 경우가 많은데, 비즈니스를 멀리 크게 보고, 가능한 한 상대방의 의견을 존중하는 것이 장기적으로는 득이 될 수도 있다. 나는 말레이시아 바이어와 처음 수출 상담을 했을 때, 그가 제시하는 큰 폭의 가격인하를 수용하여 나의 마진이 없는 상태로 첫 수출을 진행했더니, 그다음부터는 내가 부르는 가격을 그가 거의 다 받아들였다. 특히 그와는 비즈니스뿐만 아니라 인간관계 등 모든 면에서도 궁합이 잘 맞아 경조사 때 서로 초대하기도 하고 좋은 추억을 많이 쌓기도 하였다.

말레이시아 바이어와 중국 상하이에서

해외출장 수출 상담

해외 바이어와는 서로 원거리에 떨어져 있어서 일반적으로 SNS나 온라인으로 수출상담을 진행하지만, 직접 만나서 서로 마주 보며 상담하는 것이 훨씬 효과적이고 수출 성공률도 높다. 즉, 서로 만나서 얼굴을 마주 보고 식사도 함께하면, 인간관계는 물론 비즈니스도 훨씬 잘 이루어진다. 특히 사전에 SNS나 온라인으로 어느 정도 수출상담을 진행한 후에 만나게 되면 거의 99% 수출 거래가 성사된다고 생각해도 무방하다.

그렇게 하기 위해서는 먼저, 해외 출장을 떠나기 전에 최소한 한 달 전부터 해외출장 계획을 세우는 것이 좋다. 미리 출장에서 만날 바이어 명단과 연락처를 우선순위를 두어 작성하고, 그에 따라서 상담 날짜와 장소 및 시간을 안배하는 것이 합리적이다. 그리고 중요한 바이어에게는 사전에 SNS나 온라인으로 개략적인 상담 날짜와 장소, 시간을 통보하여 양해와 협력을 구하는 것이 비즈니스 에티켓이다.

혼자서 해외 출장을 떠나기가 어렵다면, 여러 기업체들과 그룹이나 단체를 결성하여 함께 수출상담을 떠나는 방법도 있다. 대표적으로 대한무역투자진흥공사나 한국무역협회, 대한상공회의소와 지방자치단체 등이 일년 내내 해외 수출시장 개척단이나 전시회와 박람회 등에 참가할 기업체들을 모집하고 있다. 보통 해외출장으로 2~3개 국가를 선정하여 출장 목적과 기간, 스케줄 등을 공고하여 출장에 참여할 의향이 있는 기업체들을 모집하게 되는데, 자신의 수출 아이템이 출장 목적에 적합한지를 판단하여 참가 여부를 결정하면 된다. 해외 출장에 참가가 결정되면 주최하는 측에서 사전에 수출상담을 할 바이어들도 섭외하고, 필요하면 통역 지원과 항공편 및 호텔 예약 등 많은 편의를 받을 수 있고, 그에 따르는 비용의 일정부분은 주최하는 기관이나 단체가 부담한다.

나는 한번 출장을 가면 보통 일주일에서 열흘 정도로 기간을 잡는데, 유력한 바이어를 최소한 셋에서 다섯 명 정도를 만나 수출 상담을 할 계획을 세운다. 그들과는 사전에 언제 어디서 만나 상담할 것인가를 대략적으로 의논하고, 기타 시간 여백을 활용하여 차선의 바이어들과도 상담할 계획을 하고 출발한다. 그들 중에서 좀 더 친밀하고 여유 있는 바이어에게는 공항에서의 픽업이나 호텔 예약을 부탁하기도 한다. 물론 역지사지로 그들이 한국에 올 때는 당연히 그 모든 일들은 나의 의무가 된다.

해외출장 상담계획과 스케줄, 그리고 항공편, 호텔 예약 등이 완료되고 출발 날짜가 다가오면, 인터넷 등에서 출장 국가의 날씨를 체크하여 그에 알맞은 의복과 필요한 출장용품 그리고 상담자료와 샘플 등을 꼼꼼히 준비한다. 특히 바이어의 취향에 맞추어 작은 선물을 준비하는 것이 매너 있는 비즈니스맨의 품격이다. 이렇게 하여 무사히 해외출장 수출상담을 다녀오고 나면, 바이어와 인간관계가 더욱 돈독해지고 수출이 점차 늘어나게 되며, 특별히 문제가 생기거나 신용을 잃지 않는 한 수출 거래는 지속된다.

해외 바이어 초청 및 비자 관련

해외로 직접 출장을 나가서 수출상담을 하는 방법뿐만 아니라, 해외 바이어를 한국으로 초청해서 수출상담을 진행하는 것도 좋은 방법이다. 오히려 시간을 절약할 수 있고 보다 경제적일 뿐만 아니라 바이어가 직접 상품을 확인할 수도 있고, 생산현장을 방문하여 모든 사항들을 점검할 수 있다. 따라서 바이어는 제품 자체는 물론 수출의 전 과정을 충분히 이해할 수 있고, 보다 더 신뢰할 수 있으며 안심하고 거래할 수 있다.

전 세계 여러 나라들 중에서 경제적으로 앞서가는 소위 선진국가들의 경우에는 한국 방문 시 크게 어려움이 없는데, 중진국가나 신흥국가들의 바이어들은 현지 한국 대사관에 초청장을 제시하여 비자를 발급받은 후에 한국을 방문할 수 있다. 물론 우리도 중국이나 일부 국가들을 여행할 때, 비자를 발급받아야 상대국에 입국할 수 있는 것과 마찬가지이다. 따라서 해외 바이어가 한국을 방문하겠다고 하면, 현지에 있는 한국대사관을 접촉하여 비자여부를 확인하게 하고, 비자 발급에 필요한 서류를 준비해서 바이어에게 송부한다. 주요 비자신청 서류에는 해외 바이어에 대한 한국기업의 초청장과 신원보증서 등 다소간의 구비 서류가 있는데, 현지 한국대사관마다 차이가 있고, 간혹 공증을 한 초청장과 신원보증서 등을 요구하는 경우도 있다.

그런데 아직 해외 바이어와 일면식도 없고, 첫 거래를 시작하는 경우라면, 해외 바이어를 초청하는 데 있어서 주의가 필요하다. 왜냐하면 위장 바이어가 있을 수 있는데, 한국으로 취업이나 일자리를 구하기 위해서 한국에 입국하려는 외국인들이 적지 않기 때문이다. 그들은 한국비자를 신청하기 위하여 초청장이 필요하기 때문에 마치 한국에서 물건을 수입할 것처럼 위장하고, 한국의 수출기업체를 접촉하여 허위로 수출상담을 벌인 후, 한국에 입국하여 수출 대금을 현찰로 지급하겠다면서 초청장을 요구하는 경우가 많이 있다. 따라서 이러한 경우는 거의 거짓이며, 수출기업을 이용하여 한국 비자를 구하려는 속셈이다. 그러므로 해외 바이어가 의심스럽다고 판단되면 초청장을 보내기 전에 먼저, 해외 바이어에게 계약금조로 미화 약 2천불 정도를 송금하라고 하여, 진위 여부를 가늠해 보는 것이 좋다. 만약 계약금의 송금을 거부하고 이 핑계 저 핑계를 댄다면 거짓으로 간주하고 초청장을 보내지 않는 것이 현명하다.

거짓 해외 바이어가 공증된 초청장이나 서류를 이용해서 한국에 입국하여 불법 체류나 범죄를 저질렀을 경우에는 초청자인 한국의 수출 기업인은 이에 대한 책임이 있고, 국가로부터 이에 상응하는 불이익을 받을 수도 있다.

그러나 이 세상에는 성실하고 올바른 사람들이 더 많으니 너무 걱정할 필요는 없고, 정상적인 바이어에게 초청장을 발급해서 한국에 오게 되면 더 좋은 인간관계를 만들 수 있고 효과적인 수출 비즈니스가 성사될 수 있다. 따라서 해외 바이어가 한국 비자를 무사히 취득하여 입국할 수 있도록, 해외 바이어의 한국비자 신청서류 요청에 적극적으로 협조하는 것이 마땅하다.

나는 중국, 이집트 등 몇몇 국가들의 바이어가 한국 입국을 위한 비자 발급에 애를 먹고 있어서, 현지의 한국 대사관을 직접 방문하여 신원보증과 필요한 절차를 도와서 비자를 발급받을 수 있도록 한 경우가 여러 번 있다. 이런 경우에는 더욱더 오랫동안 좋은 비즈니스 관계를 유지할 수 있다.

CHANGBOO TRADING CORP.

[redacted], KOREA

TEL: +82[redacted] EMAIL: [redacted]

초 청 장(Invitation Letter)

본 초청장은, 아래의 사람이 농업기계의 수출과 관련하여, 품질 검사 및 수출계약을 체결하기 위해서, 한국을 방문하도록 초청 되었음을 확인합니다.

Name: Mr. [redacted] Hassan

Profession: Import and Export Office Owner

Passport No: [redacted]

Date of Birth: [redacted]

Nationality: Egyptian

우리는 위의 초청받은 사람이 한국에서 체류중에, 한국의 법과 제도를 준수 하도록 할 것을 보장합니다.

따라서, 위의 피초청인에 대한 귀하의 호의적인 배려와 아낌없는 지원으로, 조속히 한국 비자가 발급되도록 협조하여 주실 것을 부탁드립니다.

감사합니다.

창부무역
대표 박 한철 배상

[redacted]
창부무역 박한철 [redacted]
[redacted]
도.소매 무역.농업용기계

초청장

내한 바이어 수출상담 일정 및 계획

해외 바이어가 한국 대사관으로부터 무사히 비자를 발급받고 한국으로 출발 준비를 하고 있다면, 바이어에게 항공편과 도착시간을 물어보고 공항으로 마중을 나가겠다고 알려주는 것이 에티켓이다. 만약 바이어가 호텔 픽업 서비스를 이용한다거나, 특별히 사양하는 경우에는 바이어의 호텔에서 만나면 될 것이다.

첫 만남에서는 가볍게 환담을 나누며 바이어가 한국에서 얼마나 체류할 예정인지와 비즈니스 외에 어떤 특별한 계획을 가지고 있는지도 관심을 가지고 대화를 나누는 것이 좋다. 왜냐하면 바이어가 한국에 체류하는 동안에 최대한 많은 시간을 바이어와 함께 공유할 수 있도록 일정을 짜는 것이 유리하다. 그래야 바이어와 인간적인 정도 더 많이 쌓이고, 수출 비즈니스의 기회도 증가할 것이다.

만약 바이어가 특별히 다른 일정이나 계획이 없다면, 함께 수출 상담 일정과 스케줄을 의논하여 계획을 세우는 것이 좋다. 예를 들어, 수출 상품을 생산하는 제조 공장이나 수출품 공급처인 협력업체를 함께 방문할 일정을 잡고, 바이어의 취향에 따라 박물관이나 유명 관광지 또는 쇼핑도 함께 즐길 수 있다. 그렇게 되면 오고 가는 교통편이나 식사 등 일상적인 면에서 많은 시간을 바이어와 함께 공유할 수 있다. 개략적인 일정을 계획한 후에, 그때그때의 상황과 바이어의 의견을 존중하며 비즈니스 일정을 소화해 간다면, 바이어도 크게 흡족해할 것이다.

내가 생각한 일정이나 계획이 아무리 좋더라도, 가급적 바이어의 의견을 존중하고 나의 주장은 피하는 것이 좋다. 특히 바이어의 생각이나 의견을 추측하여 예단하지 말고, 바이어에게 자세히 설명하고 동의를 구하는 것이 좋다. 또한 상황에 따라 다음 단계의 일정을 복수로 구상하여, 바이어에게 선택할 수 있는 아이디어를 제공하는 것도 좋은 방법이다.

나는 수출 아이템의 특성상 국내 여러 지역에 협력업체가 있는데, 바이어가 한국에 오면 먼저 협력업체들을 함께 방문하는 것으로 일정을 시작한다. 바이어가 특별히 원하거나 찾는 제품을 공급할 수 있는 협력업체를 선별하여, 바이어가 한국에 체류하는 기간에 맞춰서 방문 일정을 계획한다. 그리고 바이어와 함께 협력업체들을 방문할 때는, 가급적 협력업체의 사장이나 직원들과도 함께 식사 자리를 만들어서 친밀감을 갖도록 노력한다. 또한 도중에 틈틈이 역사 유적지나 문화 관광지 등도 함께 구경하면 다양한 소재로 대화를 나눌 수 있고, 아울러 식사는 물론 숙박도 함께 할 수 있어서 거의 모든 시간을 바이어와 함께 공유한다. 따라서 그만큼 서로에 대한 이해의 폭이 넓어지고, 자연스럽게 친구 관계가 형성된다. 비즈니스를 하는데, 그것도 수출하는 입장에서 친구 관계보다 더 좋은 것은 없다. 지금은 시장 상황이 많이 바뀌어 거래는 없지만, 아직도 나는 많은 바이어들과 끈끈한 우정과 유대관계를 이어가고 있다.

파키스탄 바이어와 함께 식사

4. 서류작성 단계

견적송장 (Proforma Invoice)

해외 바이어와 수출상담 후 합의가 되면, 수출자는 바이어에게 Proforma Invoice(가송장 또는 견적송장)을 발송하게 되는데, 통상적으로 수출계약서와 유사한 역할을 한다. 만약 바이어가 별도로 수출계약서(Sales Contract)를 요구한다면, 그들이 원하는 약식이나 무역협회의 사이트에서 내려받아 작성하여 보내면 된다. 여기에 내가 실제 사용하고 있는 Proforma Invoice를 첨부하고, 중요 사항만 간략하게 소개한다.

CHANGBOO TRADING CORP.

[redacted] KOREA

TEL: +82[redacted] FAX: +82[redacted]

PROFORMA INVOICE

Attention: Alfa BD Agro Services Limited.
Address: [redacted]
[redacted] Bangladesh.
Tel:[redacted]

Date: Oct. 2, 2019.

Origin: The Republic of Korea Invoice No.: [redacted].
Shipment: within 40 days after receipt of L/C.
Payment: by an irrevocable L/C at sight.
Remark: HS code is[redacted]

Description	Quantity	Unit Price	Amount
New Agricultural Machines		CFR Chittagong US$	
1. Harvester DSM72	1 unit	$11,000/unit	$11,000
2. Harvester DXM85	1 unit	$13,000/unit	$13,000
Total: 1 x 40ft container	2 units		US$24,000

//

Bank : Shinhan Bank, Pyungtaek Branch
52 Jungangro Pyungtaekcity Kyungkido, S.Korea
Tel.82-31-652-8020
Account No.:[redacted]
Swift:[redacted]
Name: Changboo Trading Corp. (Park Han Cheol)

Best Regards
H.C. Park/president
CHANGBOO TRADING CORP.

[redacted]
참부무역 박한철 [redacted]
[redacted]
도.소매 무역.농업용기계

Proforma Invoice

1) 맨 상단에는 Letter Head로서 자신의 회사명과 주소, 전화 등 연락처를 명기한다.

2) Proforma Invoice 글자의 바로 하단에는 해외 바이어의 이름이나 회사명, 주소, 전화번호를 기재한다.

3) Date는 Proforma Invoice를 발행한 날짜를 적고, Origin은 제품의 원산지 국가명을, 그리고 Invoice No.는 임의대로 발행 순서에 따라서 정하면 된다.

4) Shipment는 바이어가 수출대금을 결제한 후에 수출자가 선적할 수 있는 기한을 의미한다. 즉, 상품 발송 일자에 대한 약속이므로, 충분히 고려하여 결정한다.

5) Payment는 해외 바이어의 수출대금 결제방식인데, 통상적으로 T/T나 L/C 방식을 이용한다.

(예 Payment: by bank T/T 50% in advance before shipment and after shipment pay the balance amount 50% with B/L copy or by an irrevocable L/C at sight before shipment.)

6) Remark난에는 특이사항이나 참고사항을 기재한다.

7) Description에는 상품명, 수량, 단가, 금액, 가격조건(예: FOB Korea US$) 등을 명시한다.

8) Bank에는 해외 바이어로부터 수출대금을 받을 수 있는 수출자의 거래은행명, 주소, 전화, 계좌번호, Swift 코드, 수취인을 기재한다.

9) 마지막 하단에는 수출자의 서명과 날인을 한다.

수출대금 결제 및 수취

수출자가 Proforma Invoice를 발송한 후에 해외 바이어가 수출대금을 결제하는데, 통상적으로 T/T(단순송금)방식으로 결제를 하거나 L/C(신용장) 방식으로 결제를 한다. 바이어로부터 수출대금 결제가 확인되고 나면 제조 공장에서 수출상품을 생산하거나 공급업체에서 매입한 후에, Forwarding 업체에 선적을 의뢰한다.

여기에 첨부한 국내외 은행 T/T 사본과 L/C 사본을 참고로 하고, 중요한 사항만 간단히 언급한다.

해외 바이어 은행 T/T 송금

해외 바이어가 현지 은행에서 송금을 완료하면, 국내 거래은행에 도착할 때까지 통상적으로 2~3일 정도 걸린다. 따라서 그전에 바이어에게 T/T 송금 사본을 받아서 금액이 정확한지, 거래은행과 계좌번호가 올바른지 등을 확인하고, 미리 선적준비를 시작한다.

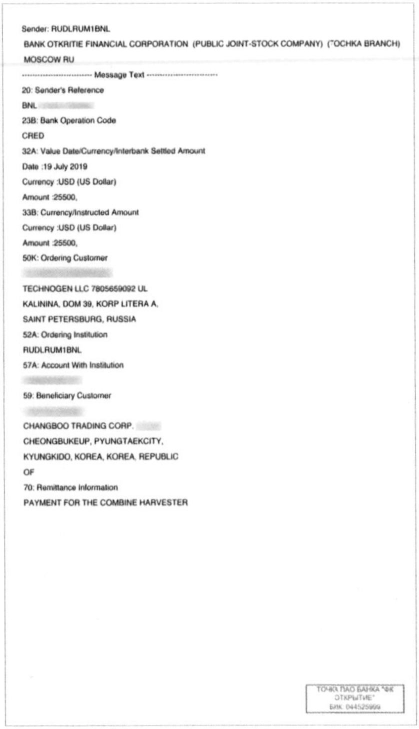

Sender: RUDLRUM1BNL
BANK OTKRITIE FINANCIAL CORPORATION (PUBLIC JOINT-STOCK COMPANY) (TOCHKA BRANCH)
MOSCOW RU
------------------------- Message Text -------------------------
20: Sender's Reference
BNL
23B: Bank Operation Code
CRED
32A: Value Date/Currency/Interbank Settled Amount
Date :19 July 2019
Currency :USD (US Dollar)
Amount :25500,
33B: Currency/Instructed Amount
Currency :USD (US Dollar)
Amount :25500,
50K: Ordering Customer
TECHNOGEN LLC 7805659092 UL
KALININA, DOM 39, KORP LITERA A,
SAINT PETERSBURG, RUSSIA
52A: Ordering Institution
RUDLRUM1BNL
57A: Account With Institution
59: Beneficiary Customer
CHANGBOO TRADING CORP.
CHEONGBUKEUP, PYUNGTAEKCITY,
KYUNGKIDO, KOREA, KOREA, REPUBLIC
OF
70: Remittance Information
PAYMENT FOR THE COMBINE HARVESTER

ТОЧКА ПАО БАНКА "ФК
ОТКРЫТИЕ"
БИК 044525999

해외 T/T 송금

국내 거래은행 T/T 도착

예정대로 2~3일 정도 후에 T/T가 도착하면, 국내거래 은행이 T/T 도착 사실을 사전에 약속한 이메일이나 전화로 통보해 준다. 그러면 거래은행 담당자에게 Proforma Invoice 사본을 팩스나 이메일로 발송한 후에, 사전에 개설한 외화계좌에 입금을 의뢰한다. 그 후 환율을 고려하여 적당한 시점에 환전을 하고, 수출상품 매입자금이나 기타 용도로 사용한다.

국내 T/T 도착

안녕하세요. 항상 저희 신한은행을 이용해 주셔서 감사합니다.
다음과 같이 타발해외송금/국내자금이체가 도착하였습니다.

E-mail

고객명 박**

구분	REF NO	VALUE DATE	통화	금액	송금의뢰인
해외송금	[redacted]	20201016	USD	13,445.00	CONNECTING **

주)구분: 해외송금, 국내이체

20201019

평택금융센터 지점
☎ 전화: [redacted]

이하 SWIFT 전문내용 첨부

//

*** INCOMING 수신전문 INCOMING 수신전문 INCOMING 수신전문 INCOMING 수신전문 ***

//

MSG TYPE : 송금(300) (NORMAL) (MT103) SINGLE CUSTOMER CREDIT TRANSFER

국내 T/T ①

MSG - NO : (202010114253) XIT-NO : 0815971 SESSION/TRN : 1351/140657
RBR: XXX

SENDER : (000621 : CITIUS33XXX) CITIBANK N.A.

NEW YORK

UNITED STATES OF AMERICA

XIT DATE : 20201017 at 03:07 RECV DATE : 20201019 at 10:53

PRINTED : 0084 00 2020 OCT 19 at 10:53

****

점번호:7035 평택금융센터

고객 : [redacted]

REF-NO: [redacted]

:20 /SENDER'S REFERENCE : [redacted]

:23B/BANK OPERATION CODE :CRED

:32A/VALUE/CUR/INTERBANK SETTLE AMT:201016 USD13445.

:33B/CURRENCY/INSTRUCTED AMOUNT :USD13450.

:50K/ORDERING CUSTOMER :/[redacted]

CONNECTING INC

THIRD FLOOR OFFICE NO 333 BR 1 WING

국내 T/T ②

JAI GANESH VISON AKURDI PUNE

:52A/ORDERING INSTITUTION :IDFBINBBMUM

:59 /BENEFICIARY CUSTOMER :/

CHANGBOO TRADING CORP

210-69, CHEONGWONRO

CHEONGBUKEUP, PYUNGTAEKCITY,

KYUNGKIDO, SOUTH KOREA

:70 /REMITTANCE INFORMATION :ADVANCE IMPORT PAYMENT

INV NO. CB200911 DATED 11/09/20

:71A/DETAILS OF CHARGES :SHA

:71F/SENDER'S CHARGES :USD5,00

-- END OF MESSAGE --

국내 T/T ③

해외 바이어 은행 L/C 개설

바이어가 현지 은행에서 L/C를 개설하면, 역시 국내은행에 도착할 때까지 통상적으로 2~3일 정도 걸린다. 따라서 그 이전에 바이어에게 L/C 개설 사본을 받아서 상품과 금액, 선적기일, 만기일자 등이 사전에 협의한 내용과 일치하는지 정확히 확인해야 한다. 특히 신용장상에서 요구하는 선적서류는 매우 중요한데, 문제 되는 서류가 없는지 꼼꼼하게 확인하고, 불가능한 서류를 요구하면 신용장의 정정을 요구한다.

Message

Start of Message

Message Identifier

Message Preparation Application:	Alliance Message Management - Message Modification
Unique Message Identifier:	[redacted]

Message Header

Swift FIN	Input	fin.700	FIN MT700 - Issue of a Documentary Credit

Sender

Unit:	UNIT140
Sender Logical Terminal:	IBBLBDDHA
Type:	Institution
Institution:	IBBLBDDH140

Receiver

Type:	Institution
Institution:	SHBKKRSEXXX

Address Expansion

Institution:	SHINHAN BANK
Branch:	
City:	SEOUL
Country:	KR

Options

Priority:	Normal
Monitoring:	None
User PDE:	No
MUR:	[redacted]

Message Text

```
F27: Sequence of Total
   Number:                    1/
   Total:                     1
F40A: Form of Documentary Credit
   IRREVOCABLE
F20: Documentary Credit Number
   [redacted]
F31C: Date of Issue
   19100                      2019 Sep 30
F40E: Applicable Rules
   Applicable Rules:          UCP LATEST VERSION
F31D: Date and Place of Expiry
   Date:                      191231                  2019 Dec 31
   Place:                     REPUBLIC OF KOREA
F50: Applicant
   ALFA BD AGRO SERVICES LIMITED,
   [redacted]
   GATE CHANDIPASHA,NANDAIL,
   MYMENSINGH,BANGLADESH
F59: Beneficiary
   Account:                   [redacted]
   Name and Address:          CHANGBOO TRADING CORP.
                              [redacted]
                              PYUNGTAEKCITY,KYUNGKIDO,REPUBLIC
                              OF KOREA.TEL:+[redacted]
F32B: Currency Code, Amount
```

해외 L/C 개설 ①

Currency: USD US DOLLAR
Amount: 24000, #24000,#

F41D: Available With ... By ... - Name and Address - Code
Name and Address: ANY BANK IN REPUBLIC OF KOREA
Code:

F42C: Drafts at ...
SIGHT

F42A: Drawee - Party Identifier - Identifier Code
Identifier Code: ISLAMI BANK BANGLADESH LTD
(MYMENSINGH BRANCH)
MYMENSINGH BD

F43P: Partial Shipments
ALLOWED

F43T: Transhipment
ALLOWED

F44E: Port of Loading/Airport of Departure
ANY SEA PORT OF REPUBLIC OF KOREA

F44F: Port of Discharge/Airport of Destination
CHATTOGRAM SEA PORT,BANGLADESH

F44C: Latest Date of Shipment
2019 Dec 10

F45A: Description of Goods and/or Services
NEW AGRICULTURAL MACHNES.
01.HARVESTER DSM72,QTY:1.00 UNIT AT USD11000.00/UNIT
02.HARVESTER DXM85,QTY:1.00 UNIT AT USD13000.00/UNIT
TOTAL 1X40FT CONTAINER,2 UNIT USD24000.00
.
CFR CHATTOGRAM PORT, BANGLADESH (INCOTERMS 2010) AS PER PROFORMA INVOICE NO.CBM191002 DATE:02.10.2019 OF THE BENEFICIARY.

F46A: Documents Required
(1) BENEFICIARY'S DRAFT IN DUPLICATE DRAWN ON ISLAMI BANK BANGLADESH LIMITED,MYMENSING BRANCH, MYMENSING, 76,CHOTTO BAZAR,MYMENSHINGH,BANGLADESH FOR FULL INVOICE VALUE.
(2) SIGNED INVOICES IN 6(SIX)FOLDS SHOWING FOB VALUE AND FREIGHT SEPARATELY CERTIFYING MERCHANDISE IS OF REPUBLIC OF KOREA ORIGIN AND IMPORT AGAINST LCAF NO.XXXXX AND H.S.CODE NO. AND IRC NO.
(3) FULL SET SHIPPED ON BOARD BILL OF LADING PLUS 03(THREE) COPIES MARKED ''FREIGHT PREPAID'' CONSIGNED TO ISLAMI BANK BANGLADESH LIMITED,(BUSINESS IDENTIFICATION NUMBER-),MYMENSING BRANCH, MYMENSING,76,CHOTTO BAZAR,MYMENSHINGH,BANGLADESH NOTIFYING APPLICANT AND THE ISSUING BANK.
(4) INSURANCE COVERED BY APPLICANT. ALL SHIPMENTS UNDER THIS CREDIT MUST BE ADVISED BY THE BENEFICIARY WITHIN 10(TEN) WORKING DAYS AFTER SHIPMENT DIRECT TO ISLAMI COMMERCIAL INSURANCE COMPANY LIMITED CITY CENTER (LEVEL 16), 90/1, MOTIJHEEL C/A, DHAKA-1000, BANGLADESH THROUGH EMAIL:iciclbd at yahoo.com OR BY COURIER AND TO THE APPLICANT BY EMAIL OR BY COURIER MENTIONING COVER NOTE NO.ICI/MYM/MC-XXXX/10/2019 DATED:XX.10.2019 AND L/C NO.GIVING FULL DETAILS OF SHIPMENT. A BENEFICIARY CERTIFICATE REGARDING COMPLIANCE OF THE ABOVE REQUEST MUST ACCOMPANY SHIPPING DOCUMENTS.
(5) CERTIFICATE OF ORIGIN IN DUPLICATE ISSUED BY THE CHAMBER OF COMMERCE /GOVT.APPROVED AGENCY OF THE EXPORTING COUNTRY IS REQUIRED.
(6) DETAILED PACKING LIST IN 6(SIX)FOLD DULY SIGNED BY THE BENEFICIARY.
(7) ONE SET OF NON-NEGOTIABLE DOCUMENTS INCLUDING DETAILED PACKING LIST MUST BE DISPATCHED TO THE APPLICANT BY COURIER OR THROUGH EMAIL WITHIN 05 (FIVE) DAYS AFTER SHIPMENT. A CERTIFICATE BY THE BENEFICIARY IN THIS REGARD MUST ACCOMPANY THE ORIGINAL DOCUMENTS.
(8) WITHIN 5(FIVE) WORKING DAYS AFTER SHIPMENT THE BENEFICIARY MUST INFORM THE L/C ISSUING BANK THROUGH EMAIL: fex.mymensingh at

해외 L/C 개설 ②

islamibankbd.org OR BY COURIER PARTICULARS OF SHIPMENT MENTIONING OUR L/C NUMBER, COMMODITY, QUANTITY OF SHIPMENT, AMOUNT, SHIPMENT DATE, NAME OF CARRIER, PORT OF LOADING, PORT OF DISCHARGE, ETA DESTINATION PORT. COPY OF SUCH ADVICE MUST ACCOMPANY THE ORIGINAL SHIPPING DOCUMENTS.

(9) BENEFICIARY MUST ISSUE A CERTIFICATE THAT THE QUANTITY, QUALITY,CLASSIFICATION,DESCRIPTION,SPECIFICATION AND WEIGHT OF THE GOODS ARE FULLY AS PER L/C TERMS.

(10) COUNTRY OF ORIGIN MUST BE MENTIONED CLEARLY ON THE PACKAGES OF GOODS/POTS/BOX/CONTAINER ETC. A BENEFICIARY CERTIFICATE REGARDING COMPLIANCE OF THE ABOVE MUST ACCOMPANY THE ORIGINAL DOCUMENTS.

(11) APPLICANT'S NAME,ADDRESS,TIN [illegible] AND BIN XXXXXXXX MUST BE INSCRIBED OR PRINTED IN INDELIBLE INK ON AT LEAST 2PCT OF THE LARGEST PACKET/COVER/TINNED PACKAGE/SACK PACK/WOODEN BOX/CASE/ROLL/OTHER PACKET CONTAINING THE IMPORTED GOODS.A CERTIFICATE BY THE BENEFICIARY IN THIS REGARD MUST ACCOMPANY THE ORIGINAL DOCUMENTS.

(12)THE GOODS SUPPLIED UNDER THIS CREDIT MUST BE BRAND NEW WITHOUT ANY MANUFACTURING DEFECT, QUANTITY AND QUALITY AS PER L/C TERMS. A CERTIFICATE TO THIS EFFECT MUST ACCOMPANY THE ORIGINAL SHIPPING DOCUMENTS.

F47A: Additional Conditions

(1) DOCS EVIDENCING SHIPMENT PRIOR TO L/C DATE NOT ACCEPTABLE.
(2) L/C NUMBER,DATE AND NAME OF APPLICANT AND ISSUING BANK MUST APPEAR IN ALL THE DOCUMENTS
(3) SHORT FORM, CLAUSED, BLANK BACK, STALE BL BILL NOT ACCEPTABLE.
(4) PACKING SHOULD BE IN STANDARD EXPORT PACKING.
(5) IF THE DOCS IS FOUND DISCREPANT, AN AMOUNT OF USD30.00 WILL BE DEDUCTED FROM BILL VALUE AT THE TIME OF PAYMENT.
(6) ALL DOCUMENTS MUST BE IN ENGLISH.
(7) AN AMOUNT OF USD30.0 WILL BE DEDUCTED AS DOCS PROCESSING CHARGE AT THE TIME OF PAYMENT FROM BILL VALUE.
(8)APPLICANT'S NAME, ADDRESS AND VAT REGISTRATION NUMBER XXXXX MUST BE MENTIONED IN ALL SHIPPING DOCUMENTS.

F71D: Charges

ALL FOREIGN BANK CHARGES INCLUDING
REIMBURSEMENT BANK'S CHARGES
OUTSIDE BANGLADESH ARE ON
BENEFICIARY'S ACCOUNT.

F48: Period for Presentation in Days

Days:	21
Narrative:	/FROM SHIPMENT BUT WITHIN LC EXPIRY

F49: Confirmation Instructions

WITHOUT

F78: Instructions to the Paying/Accepting/Negotiating Bank

(1) UPON RECEIPT OF DOCUMENTS STRICTLY COMPLYING CREDIT TERMS,WE SHALL ARRANGE REMITTANCE OF FUND TO YOUR DESIGNATED BANK AS PER YOUR INSTRUCTION.ON THE DATE OF NEGOTIATION, NEGOTIATING BANK MUST INFORM TO ISSUING BANK (BIC: IBBLBDDH140) REGARDING STATUS OF NEGOTIATION. COPY OF SUCH ADVICE MUST ACCOMPANY THE ORIGINAL DOCUMENTS.

(2)DOCTS TO BE FORWARDED TO ISLAMI BANK BANGLADESH LIMITED,MYMENSING BRANCH, MYMENSING, 76,CHOTTO BAZAR,MYMENSHINGH,BANGLADESH BY COURIER TO THE OFFICE PREMISES ONLY WITHIN OFFICE HOUR.

F72Z: Sender to Receiver Information

PLS ADVISE THE CREDIT TO THE
BENEFICIARY ACCORDINGLY UNDER
INTIMATION TO US.

Network Data

Network:	SWIFT

End of Message

해외 L/C 개설 ③

국내 거래은행 L/C 도착

L/C가 국내은행에 도착하면 직접 은행을 방문하거나 등기우편으로 신용장 원본을 수령하여야 한다. 종종 바이어의 L/C 개설은행과 관련이 있는 국내 은행이나 외국계 은행으로 L/C가 도착하는 경우가 있는데, 이는 신용장 수수료와 은행의 실적 때문에 그러한데 문제는 없다. 신용장 원본은 말 그대로 현금과 같기 때문에 분실하지 않도록 잘 보관해야 하고, 미리 신용장에서 요구하는 선적서류를 준비해 두는 것이 효율적이다.

SHINHAN BANK International Trade Business Department
120, 2Ga Taepyung-Ro, Jung-Gu, Seoul 100-102, Korea
TELEX : K25583
SWIFT : SHBKKRSE
신한은행 SHINHAN BANK

평택금융센터
DATE OF ADVICE : OCT.11,2019

ADVICE OF
IRREVOCABLE DOCUMENTARY CREDIT

ADVICE NO :
CREDIT NO :

*SENDING BANK IBBLBDDH140
ISLAMI BANK BANGLADESH LTD
MYMENSINGH TOWN
MYMENSINGH
BANGLADESH

*BENEFICIARY
/
CHANGBOO TRADING CORP.
PYUNGTAEKCITY,KYUNGKIDO,REPUBLIC

*APPLICANT
ALFA BD AGRO SERVICES LIMITED,
GATE CHANDIPASHA,NANDAIL,
MYMENSINGH,BANGLADESH

*AMOUNT : USD24,000.00

*EXPIRY DATE: DEC.31,2019
*ISSUING DATE: OCT.10,2019

GENTLEMEN :
WE, SHINHAN BANK, HAVE BEEN REQUESTED BY THE ISSUING BANK WITHOUT ANY RESPONSIBILITY ON OUR PART TO ADVISE YOU OF AUTHENTICATED TELETRANSMISSION AS FOLLOWS:
WE SHALL NOT BE LIABLE FOR ANY DELAY OR FAILURE TO PAY,PROCESS OR RETURN ON ANY PARTY OR ON ANY UNDERLYING TRANSACTION DIRECTLY OR INDIRECTLY SUBJECTED TO LAWS, REGULATIONS, ORDERS OR SANCTIONS IMPOSED BY THE REPUBLIC OF KOREA, THE UN, US, EU WITH RESPECT TO ANTI-BOYCOTT, AML, ANTI-TERRORISM OR ANY EQUIVALENT MEASURES.

점번호:7035 평택금융센터
고객 :

:27 /SEQUENCE OF TOTAL	:1/1
:40A/FORM OF DOCUMENTARY CREDIT	:IRREVOCABLE
:20 /DOCUMENTARY CREDIT NUMBER	
:31C/DATE OF ISSUE	:191010
:40E/APPLICABLE RULES UCP LATEST VERSION	:
:31D/DATE AND PLACE OF EXPIRY	:191231REPUBLIC OF KOREA
:50 /APPLICANT	:ALFA BD AGRO SERVICES LIMITED, GATE CHANDIPASHA,NANDAIL, MYMENSINGH,BANGLADESH
:59 /BENEFICIARY	:/ CHANGBOO TRADING CORP. PYUNGTAEKCITY,KYUNGKIDO,REPUBLIC OF KOREA.TEL:+
:32B/CURRENCY CODE, AMOUNT	:
:41D/AVAILABLE WITH ... BY ...	:ANY BANK IN REPUBLIC OF KOREA BY NEGOTIATION
:42C/DRAFTS AT ...	:SIGHT
:42A/DRAWEE	: *ISLAMI BANK BANGLADESH LTD *MYMENSINGH *BANGLADESH
:43P/PARTIAL SHIPMENTS	:ALLOWED
:43T/TRANSHIPMENT	:ALLOWED

:44E/PORT OF LOADING/AIRPORT OF DEP:
ANY SEA PORT OF REPUBLIC OF KOREA

<PAGE : 1> TO BE CONTINUED

Note : In case of difficulties, please consult us before communicating with your customers.

(2006.10 제정) 1-304-0015(21.0×29.7) 백상지80g/m

국내 L/C 사본 ①

SHINHAN BANK International Trade Business Department
120, 2Ga Taepyung-Ro, Jung-Gu, Seoul 100-102, Korea
TELEX : K23583
SWIFT : SHBKKRSE

신한은행 SHINHAN BANK

평택금융센터 DATE OF ADVICE : OCT.11.2019

THIS IS A CONSTITUENT AND INTEGRAL PART OF;
ADVICE NO : [redacted] CREDIT NO : [redacted]

:44F/PORT OF DISCHARGE/AIRPORT OF D:
CHATTOGRAM SEA PORT,BANGLADESH
:44C/LATEST DATE OF SHIPMENT : [redacted]
:45A/DESCRIPTION OF GOODS AND/OR SE:
NEW AGRICULTURAL MACHNES.
01.HARVESTER DSM72,QTY:1.00 UNIT AT USD11000.00/UNIT
02.HARVESTER DXM85,QTY:1.00 UNIT AT USD13000.00/UNIT
TOTAL 1X40FTHQ CONTAINER,2 UNIT USD24000.00
.
CFR CHATTOGRAM PORT, BANGLADESH (INCOTERMS 2010) AS PER PROFORMA INVOICE NO.CBM191002 DATE:02.10.2019 OF THE BENEFICIARY.
:46A/DOCUMENTS REQUIRED :
(1) BENEFICIARY'S DRAFT IN DUPLICATE DRAWN ON ISLAMI BANK BANGLADESH LIMITED,MYMENSING BRANCH, MYMENSING, 76,CHOTTO BAZAR,MYMENSHINGH,BANGLADESH FOR FULL INVOICE VALUE.
(2) SIGNED INVOICES IN 6(SIX)FOLDS SHOWING FOB VALUE AND FREIGHT SEPARATELY CERTIFYING MERCHANDISE IS OF REPUBLIC OF KOREA ORIGIN AND IMPORT AGAINST LCAF NO.343843 AND H.S.CODE NO.8433.51.00 AND IRC NO [redacted]
(3) FULL SET SHIPPED ON BOARD BILL OF LADING PLUS 03(THREE) COPIES MARKED ''FREIGHT PREPAID'' CONSIGNED TO ISLAMI BANK BANGLADESH LIMITED,(BUSINESS IDENTIFICATION NUMBER-[redacted]),MYMENSING BRANCH, MYMENSING,76,CHOTTO BAZAR,MYMENSHINGH,BANGLADESH NOTIFYING APPLICANT AND THE ISSUING BANK.
(4) INSURANCE COVERED BY APPLICANT. ALL SHIPMENTS UNDER THIS CREDIT MUST BE ADVISED BY THE BENEFICIARY WITHIN 10(TEN) WORKING DAYS AFTER SHIPMENT DIRECT TO ISLAMI COMMERCIAL INSURANCE COMPANY LIMITED CITY CENTER (LEVEL 16), 90/1, MOTIJHEEL C/A, DHAKA-1000, BANGLADESH THROUGH EMAIL:icicl bd at yahoo.com OR BY COURIER AND TO THE APPLICANT BY EMAIL OR BY COURIER MENTIONING COVER NOTE NO.ICI/MYM/MC-23/10/2019 DATED:09.10.2019 AND L/C NO.GIVING FULL DETAILS OF SHIPMENT. A BENEFICIARY CERTIFICATE REGARDING COMPLIANCE OF THE ABOVE REQUEST MUST ACCOMPANY SHIPPING DOCUMENTS.
(5) CERTIFICATE OF ORIGIN IN DUPLICATE ISSUED BY THE CHAMBER OF COMMERCE /GOVT.APPROVED AGENCY OF THE EXPORTING COUNTRY IS REQUIRED.
(6) DETAILED PACKING LIST IN 6(SIX)FOLD DULY SIGNED BY THE BENEFICIARY.
(7) ONE SET OF NON-NEGOTIABLE DOCUMENTS INCLUDING DETAILED PACKING LIST MUST BE DISPATCHED TO THE APPLICANT BY COURIER OR THROUGH EMAIL WITHIN 05 (FIVE) DAYS AFTER SHIPMENT. A CERTIFICATE BY THE BENEFICIARY IN THIS REGARD MUST ACCOMPANY THE ORIGINAL DOCUMENTS.
(8) WITHIN 5(FIVE) WORKING DAYS AFTER SHIPMENT THE BENEFICIARY MUST INFORM THE L/C ISSUING BANK THROUGH EMAIL: fex.mymensingh at islamibankbd.org OR BY COURIER PARTICULARS OF SHIPMENT MENTIONING OUR L/C NUMBER, COMMODITY, QUANTITY OF SHIPMENT, AMOUNT, SHIPMENT DATE, NAME OF CARRIER, PORT OF LOADING, PORT OF DISCHARGE, ETA DESTINATION PORT. COPY OF SUCH ADVICE MUST ACCOMPANY THE ORIGINAL

<PAGE : 2> TO BE CONTINUED

Note : In case of difficulties, please consult us before communicating with your customers. [redacted]

(2008.10 제정) 1-304-0015(21.0×29.7) 백상지80g/m

국내 L/C 사본 ②

SHINHAN BANK International Trade Business Department
120, 2Ga Taepyung-Ro, Jung-Gu, Seoul 100-102, Korea
TELEX : K25583
SWIFT : SHBKKRSE
신한은행 SHINHAN BANK

```
 평택금융센터                                    DATE OF ADVICE : OCT.11.2019
---------------------------------------------------------------------------
THIS IS A CONSTITUENT AND INTEGRAL PART OF:
    ADVICE NO : [redacted]                CREDIT NO : [redacted]
---------------------------------------------------------------------------
    SHIPPING DOCUMENTS.
    (9) BENEFICIARY MUST ISSUE A CERTIFICATE THAT THE QUANTITY,
    QUALITY,CLASSIFICATION,DESCRIPTION,SPECIFICATION AND WEIGHT OF
    THE GOODS ARE FULLY AS PER L/C TERMS.
    (10) COUNTRY OF ORIGIN MUST BE MENTIONED CLEARLY ON THE
    CONTAINER. A BENEFICIARY CERTIFICATE REGARDING COMPLIANCE OF THE
    ABOVE MUST ACCOMPANY THE ORIGINAL DOCUMENTS.
    (11)THE GOODS SUPPLIED UNDER THIS CREDIT MUST BE BRAND NEW
    WITHOUT ANY MANUFACTURING DEFECT, QUANTITY AND QUALITY AS PER L/C
    TERMS. A CERTIFICATE TO THIS EFFECT MUST ACCOMPANY THE ORIGINAL
    SHIPPING DOCUMENTS.
:47A/ADDITIONAL CONDITIONS          :
    (1) DOCS EVIDENCING SHIPMENT PRIOR TO L/C DATE NOT ACCEPTABLE.
    (2) L/C NUMBER,DATE AND NAME OF APPLICANT AND ISSUING BANK MUST
    APPEAR IN ALL THE DOCUMENTS
    (3) SHORT FORM, CLAUSED, BLANK BACK, STALE BL BILL NOT
    ACCEPTABLE.
    (4) PACKING SHOULD BE IN STANDARD EXPORT PACKING.
    (5) IF THE DOCS IS FOUND DISCREPANT, AN AMOUNT OF USD30.00
      WILL BE DEDUCTED FROM BILL VALUE AT THE TIME OF PAYMENT.
    (6) ALL DOCUMENTS MUST BE IN ENGLISH.
    (7) AN AMOUNT OF USD30.0 WILL BE DEDUCTED AS DOCS PROCESSING
    CHARGE AT THE TIME OF PAYMENT FROM BILL VALUE.
    (8)APPLICANT'S NAME, ADDRESS AND VAT REGISTRATION NUMBER
    002103462 MUST BE MENTIONED IN ALL SHIPPING DOCUMENTS.
    (9)THIRD PARTY INSPECTION COMPANY OR IMPORTER HIMSELF INSPECTS
    THE EQUIPMENT AND ISSUES THE INSPECTION CERTIFICATE AND DELIVER
    TO SUPPLIERS.THEN SUPPLIER CAN REFER TO HIS BANK WITH OTHER
    REQUIRED DOCUMENTS(BILL OF LADING,PACKING LIST,CERTIFICATE OF
    ORIGIN) AND RECEIVE HIS INVOICE FUND.
:71D/CHARGES                        :ALL FOREIGN BANK CHARGES INCLUDING
                                     REIMBURSEMENT BANK'S CHARGES
                                     OUTSIDE BANGLADESH ARE ON
                                     BENEFICIARY'S ACCOUNT.
:48 /PERIOD FOR PRESENTATION IN DAY:21/FROM SHIPMENT BUT WITHIN LC EXPIRY
:49 /CONFIRMATION INSTRUCTIONS      :WITHOUT
:78 /PAY/ACCEPT/NEGO BANK           :
    (1) UPON RECEIPT OF DOCUMENTS STRICTLY COMPLYING CREDIT TERMS,WE
    SHALL ARRANGE REMITTANCE OF FUND TO YOUR DESIGNATED BANK AS PER
    YOUR INSTRUCTION.ON THE DATE OF NEGOTIATION, NEGOTIATING BANK
    MUST INFORM TO ISSUING BANK (BIC: IBBLBDDH140) REGARDING STATUS
    OF NEGOTIATION. COPY OF SUCH ADVICE MUST ACCOMPANY THE ORIGINAL
    DOCUMENTS.
    (2)DOCTS TO BE FORWARDED TO ISLAMI BANK BANGLADESH
    LIMITED,MYMENSING BRANCH, MYMENSING, 76,CHOTTO
    BAZAR,MYMENSHINGH,BANGLADESH BY COURIER TO THE OFFICE PREMISES
    ONLY WITHIN OFFICE HOUR.
:72Z/SENDER TO RECEIVER INFORMATION:PLS ADVISE THE CREDIT TO THE
                                     BENEFICIARY ACCORDINGLY UNDER
                                     INTIMATION TO US.

                                  -- END OF MESSAGE --
                     <PAGE : 3>          TO BE CONTINUED
```

Note : In case of difficulties, please consult us before communicating with your customers. [redacted]

(2006.10 제정)   1-304-0015(21.0×29.7) 백상지80g/㎡

국내 L/C 사본 ③

SHINHAN BANK International Trade Business Department
120, 2Ga Taepyung-Ro, Jung-Gu, Seoul 100-102, Korea
TELEX : K25583
SWIFT : SHBKKRSE

신한은행 SHINHAN BANK

평택금융센터 DATE OF ADVICE : OCT.11.2019

THIS IS A CONSTITUENT AND INTEGRAL PART OF;
ADVICE NO : CREDIT NO :

AS THIS MESSAGE HAS BEEN ADVISED BY TELETRANSMISSION. WE RESERVE THE RIGHT TO MAKE SUCH CORRECTION TO THIS ADVICE AS MAY BE NECESSARY UPON RECEIPT OF CONFIRMATION. WE ASSUME NO RESPONSIBILITY FOR ANY ERRORS AND/OR OMISSIONS IN THE TRANSMISSION AND/OR TRANSLATION OF THE MESSAGE.

EXCEPT SO FAR AS OTHERWISE EXPRESSLY STATED. THIS DOCUMENTARY CREDIT IS SUBJECT TO THE UNIFORM CUSTOMS AND PRACTICE FOR DOCUMENTARY CREDITS(2007 REVISION). INTERNATIONAL CHAMBER OF COMMERCE.(PUBLICATION NO.)

SHINHAN BANK YOURS SINCERELY

AUTHORIZED SIGNATURE

<PAGE : 4> END OF MESSAGE

Note : In case of difficulties, please consult us before communicating with your customers.

(2006.10 제정) 1-304-0015(21.0×29.7) 백상지80g/㎡

국내 L/C 사본 ④

수출물품의 생산 또는 매입

수출대금 결제가 T/T나 L/C로 확인되었으면 바이어와 합의한 물품을 선적하기 위하여 제조공장에서 생산을 시작하거나 공급업체로부터 매입하여야 한다. 이때는 만일의 상황을 대비해 계약금을 지불할 때는 반드시 매매계약서를 작성해야 안전하고, 혹시 모를 법적인 분쟁이 발생했을 때에 책임소재가 분명하다. 그리고 매매계약서에 따라서 잔금을 지불할 때는 물품 공급자로부터 부가가치세가 포함된 세금계산서를 발급받아야 하고, 차후에 분기별로 부가가치세를 환급받는다. 또는 수출자가 공급자에게 구매확인서를 발급해 주고, 부가가치세를 영세율로 적용해서 세금계산서를 발급받는 방법이 있다.

여기에 첨부된 관련 서류는 단지 참고로 하고, 실제 세무신고를 하는 과정에서 자연적으로 숙지하게 되고, 혹시 의문점이 있으면 세무대리인에게 문의하면 알 수 있는 지극히 상식적인 사항이다.

매매계약서

자신이 취급하는 수출 아이템에 따라서 적합한 매매계약서 양식을 내려받아서 사용하거나, 직접 작성해서 사용해도 무방하다. 큰 금액이 오고 갈 때는 꼭 계약서를 쓰고 잘 보관해 두어야, 사후관리나 세무신고와 관련해서 자료가 필요할 경우에 대비할 수 있다.

매매 계약서

다음과 같이 매매 계약을 체결한다.

1. 품명:
2. 모델:
3. 수량:
4. 단가:
5. 총액:
6. 결제조건:
7. 특약사항:

이상, 본 계약서에 규정하지 아니한 사항은 민법에 준한다.
본 계약을 보증하기 위해서, 계약서 2통을 작성하여 각자 서명 날인한 후, 각각 1통씩 보관한다.

20 년 월 일

매도자	매수자
성명:	성명:창부무역
주민등록번호:	사업자등록번호:[redacted]
주소:	주소:경기도 평택시 청북면
전화:	
서명:	

매매계약서

세금계산서

모든 사람들이 상식적으로 알고 있는 바와 같이, 물품을 공급하는 자가 세금계산서를 발행하고 매입하는 자가 받는다. 국가의 조세행정에 있어서 중요한 기본서류이며, 수출물품 매입자료로써 세무신고에 필수 자료이다.

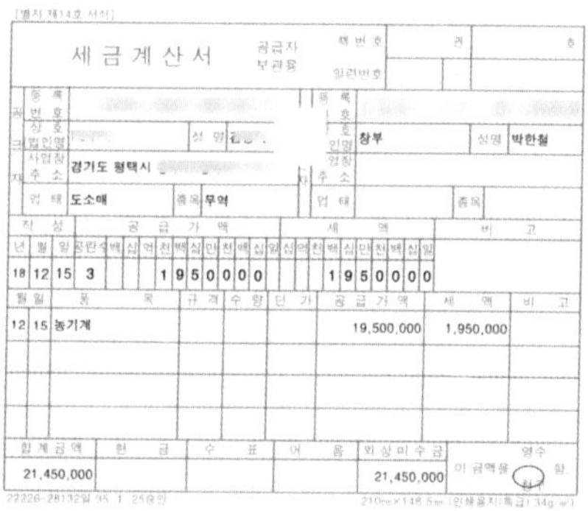
[별지 제14호 서식]
세금계산서 (공급자 보관용)
책번호 권 호 / 일련번호
공급자: 상호(법인명) / 성명 / 사업장주소 경기도 평택시 / 업태 도소매 / 종목 무역
공급받는자: 상호(법인명) 창부 / 성명 박한철 / 사업장주소 / 업태 / 종목

작성 년	월	일	공란수	공급가액	세액	비고
18	12	15	3	19500000	1950000	

월	일	품목	규격	수량	단가	공급가액	세액	비고
12	15	농기계				19,500,000	1,950,000	

합계금액	현금	수표	어음	외상미수금	
21,450,000				21,450,000	이 금액을 영수/청구 함.

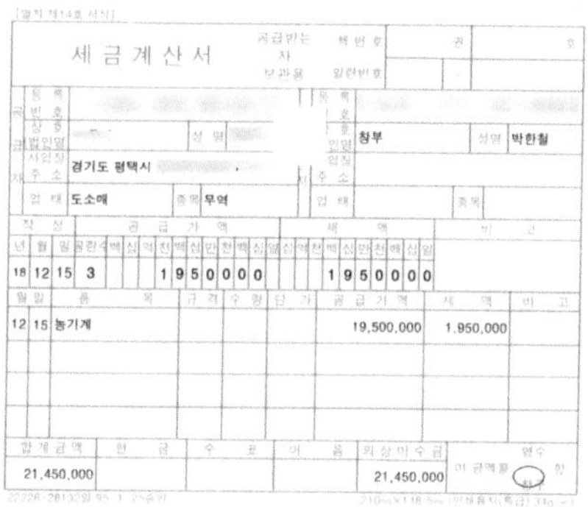
[별지 제14호 서식]
세금계산서 (공급받는자 보관용)
책번호 권 호 / 일련번호
공급자: 상호(법인명) / 성명 / 사업장주소 경기도 평택시 / 업태 도소매 / 종목 무역
공급받는자: 상호(법인명) 창부 / 성명 박한철 / 사업장주소 / 업태 / 종목

작성 년	월	일	공란수	공급가액	세액	비고
18	12	15	3	1950000	1950000	

월	일	품목	규격	수량	단가	공급가액	세액	비고
12	15	농기계				19,500,000	1,950,000	

합계금액	현금	수표	어음	외상미수금	
21,450,000				21,450,000	이 금액을 영수/청구 함.

세금계산서

구매확인서

국내에서 생산된 수출물품을 구매하는 경우에, 외화획득용 원료로써 구매를 원활하게 하기 위하여 활용되고 있는 서류이다. 이 서류는 수출자가 KTNET(한국전자무역센터)에 접속하여 간단히 발급받을 수 있다. 이 구매확인서를 근거로 하여 세금계산서의 부가가치세를 영세율로 적용하여 발급받을 수 있다.

외화획득용원료 · 기재구매확인서

※ 구매확인서번호 :

(1) 구매자 (상호) 창부무역
(주소) 경기 평택시
(성명) 박한철
(사업자등록번호)

(2) 공급자 (상호) 무안
(주소) 전남 무안군
(성명)
(사업자등록번호)

1. 구매원료 · 기재의 내용

(3) HS 부호	(4) 품명 및 규격	(5) 단위 및 수량	(6) 구매일	(7) 단가	(8) 금액	(9) 비고
8701912000	AGRICULTURAL TRACTORS T3930	2 UN	2019-01-16	KRW 5,000,000	KRW 10,000,000	
8701912000	AGRICULTURAL TRACTORS F7811	1 UN	2019-01-16	KRW 17,000,000	KRW 17,000,000	
TOTAL		3 UN			KRW 27,000,000	

2. 세금계산서(외화획득용 원료 · 기재를 구매한 자가 신청하는 경우에만 해당)

(10) 세금계산서 번호	(11) 작성일자	(12) 공급가액	(13) 세액	(14) 품목	(15) 규격	(16) 수량
	2019-02-01	27,000,000	0			

(17) 구매원료 · 기재의 용도명세 : 완제품

위의 사항을 대외무역법 제18조에 따라 확인합니다.

확인일자 2021 년 03 월 12 일
확인기관 한국무역정보통신
전자서명

이 전자무역문서는 「전자무역 촉진에 관한 법률」 에 따라 전자문서교환방식으로 발행된 것으로서 출력하여 세관 또는 무역유관기관 등 제3자에게 제출하려는 경우 업체는 동 법률 시행규칙 제12조제3항에 따라 적색고무인을 날인하여야 합니다.

창부무역 박한철

도.소매 무역,농업용기계

구매확인서

영세율 전자세금계산서

승인번호 [illegible]

구분	항목	내용	항목	내용
공급자	등록번호	[illegible]	종사업장 번호	
공급자	상호(법인명)	[illegible]	성명	[illegible]
공급자	사업장	전라남도 [illegible]		
공급자	업태	소매업	종목	중고농기구
공급자	이메일	[illegible]		
공급받는자	등록번호	[illegible]	종사업장 번호	
공급받는자	상호(법인명)	창부무역	성명	박한철
공급받는자	사업장	경기도 평택시 [illegible]		
공급받는자	업태	도소매	종목	농기계,무역
공급받는자	이메일	[illegible]		
공급받는자	이메일			

작성일자	공급가액	세액	수정사유
2019/02/01	27,000,000	0	
비고			

월	일	품목	규격	수량	단가	공급가액	세액	비고
02	01	트랙터		2	5,000,000	10,000,000	0	
02	01	트랙터		1	17,000,000	17,000,000	0	

합계금액	현금	수표	어음	외상미수금	이 금액을 (영수) 함
27,000,000					

Hometax. 본 인쇄물은 국세청 홈택스(www.hometax.go.kr)에서 **발급 또는 전송 입력된** 전자(세금)계산서 입니다.
발급사실 확인은 상기 홈페이지의 "조회/발급>전자세금계산서>**제3자 발급사실 조회**"를 이용하시기 바랍니다.

영세율세금계산서

상업송장과 포장명세서

수출자가 선적 업무를 진행할 때 가장 먼저 작성해야 하는 기본 서류는, 상업송장(Commercial Invoice)과 포장명세서(Packing List)이다. 이 서류가 없이는 선박회사에 선적을 요청할 수도 없고, 세관에 수출물품의 통관을 요구할 수도 없다. 따라서 수출물품이 확보되어 가는 동시에, 상업송장과 포장명세서를 미리 작성하는 것이 좋다. 수출 절차가 진행되는 흐름에 따라서 미리 다음단계를 준비하는 것이 업무의 효율을 높이고 시행착오를 줄일 수 있다.

여기 첨부한 Commercial Invoice와 Packing List의 중요한 사항만 간략하게 소개한다.

a. 상업송장(Commercial Invoice)

Shipper/Exporter: 수출업체 상호, 주소, 전화번호 기입

Consignee: 수탁자로 수입업체나 신용장 개설은행 기입

Notify Party: Consignee와 같거나 수입업체 기입

Port of Loading: 선적 항구나 기적 공항 명칭 기입

Final Destination: 최종 도착지 명칭, 수입국가 항구나 공항

Carrier: 선박이나 항공편 기입, Forwarding 업체에 문의

Sailing on or about: 출발일자 기입, Forwarding 업체에 문의

No & Date of invoice: 임의로 정한 invoice 번호와 날짜를 기입

No & date of L/C: 신용장 번호와 날짜를 기입, T/T인 경우 공란

L/C Issuing bank: 신용장 개설 은행을 기입, T/T인 경우 공란

Remarks: Origin(원산지), Payment(대금지불방식), HS Code(상품분류고유번호) 등 참고사항을 기입

Marks and numbers of PKGS: 상품포장 박스의 표시(shipping mark)와 박스 수량 기입. 박스포장이 아닌 경우에는 통상적으로 Export Standard Packing으로 표시Description of Goods: 첫째 줄에 총체적인 상품명칭과 옆에 가격조건을 기입하고, 아래에 세부적인 상품명칭을 기입

Quantity/Unit: 수량과 단위를 기입
단, 단위는 아이템에 맞는 단위를 찾아서 기입

Amount: 각각의 단가와 합계 금액을 기입

COMMERCIAL INVOICE

1.Shipper/Exporter CHANGBOO TRADING CORP. [redacted] EUP, PYUNGTAEKCITY, KYUNGKIDO, KOREA TEL:[redacted]	8.No & Date of invoice [redacted] JUL. 12, 2019
	9.No & date of L/C
	10.L/C Issuing bank
2.Consignee BIG K TRACTOR LTD., PART [redacted] A.PHAYUHAKIRI NAKORNSAWAN 60130 THAILAND TEL[redacted]	11.Remarks ORIGIN: THE REPUBLIC OF KOREA PAYMENT: BY T/T HS CODE: [redacted]
3.Notify Party SAME AS CONSIGNEE	
4.Port of Loading GWANGYANG, KOREA / 5.Final Destination LAT KRABANG, THAILAND	
6.Carrier STARSHIP URSA [redacted] / 7.Sailing on or about JUL. 20, 2019	

12.Marks and numbers of PKGS	13.Description of Goods	14.Quantity/Unit	15.Unit-Price	16.Amount
	AGRICULTURAL TRACTOR		CNF LAT KRABANG USD	
	1.FORD T3930	2 UNITS	$5,000/UNIT	$10,000
	2.FORD F6610	1 UNIT	$12,500/UNIT	$12,500
	3.FORD F6611	2 UNITS	$14,500/UNIT	$29,000
	4.FORD F7810	1 UNIT	$15,900/UNIT	$15,900
	TOTAL: HQ 40FT X 2 CONTAINERS			$67,400

//

MODEL	ENGINE NUMBER	CHASSIS NUMBER
1. FORD T3930	376017	BD30720
2. FORD T3930	328964	BC98079
3. FORD F6610	377207	BD30972
4. FORD F6611	NA720965	081939B
5. FORD F6611	NA575589	013128B
6. FORD F7810	386598	BD30949

CHANGBOO TRADING CORP.

[redacted]

Signed by President

18.Signed by
H.C. PARK/PRESIDENT
CHANGBOO TRADING CORP.

상업송장

b. 포장명세서(Packing List)

*상업송장(Commercial Invoice)의 일부 참고

Net weight: 순중량 (순수 상품만의 무게)

Gross weight: 총중량 (포장 박스를 포함한 무게)

Measurement: 부피 (CBM: 길이 x 넓이 x 높이로 표시)

PACKING LIST

Shipper/Exporter CHANGBOO TRADING CORP. EUP, PYUNGTAEKCITY, KYUNGKIDO, KOREA TEL:	No. & Date of invoice JUL. 12, 2019
Consignee BIG K TRACTOR LTD., PART A.PHAYUHAKIRI NAKORNSAWAN 60130 THAILAND TEL:	Remarks ORIGIN: THE REPUBLIC OF KOREA PAYMENT: BY T/T
Notify Party SAME AS CONSIGNEE	HS CODE:
Port of Loading GWANGYANG, KOREA / Final Destination LAT KRABANG, THAILAND	
Carrier STARSHIP URSA / Sailing on or about JUL. 20, 2019	

Mark and Nos. of PKGS	Description of Goods	Quantity	Net weight	Gross-weight	Measurement
EXPORT STANDARD PACKING	AGRICULTURAL TRACTOR				
	1.FORD T3930	2 UNITS	5,000 KGS	5,010 KGS	24.00 CBM
	2.FORD F6610	1 UNIT	4,925 KGS	4,930 KGS	15.00 CBM
	3.FORD F6611	2 UNITS	8,382 KGS	8,392 KGS	31.00 CBM
	4.FORD F7810	1 UNIT	4,945 KGS	4,950 KGS	19.00 CBM
	TOTAL: HQ 40FT X 2 CONTAINERS			23,282 KGS	89.00 CBM

//

MODEL	ENGINE NUMBER	CHASSIS NUMBER
1. FORD T3930	376017	BD30720
2. FORD T3930	328964	BC98079
3. FORD F6610	377207	BD30972
4. FORD F6611	NA720965	081939B
5. FORD F6611	NA575589	013128B
6. FORD F7810	386598	BD30949

CHANGBOO TRADING CORP.

Signed by President

Signed by
H.C. PARK/PRESIDENT
CHANGBOO TRADING CORP.

포장명세서

수출물품의 운송과 선적

수출물품이 완료되었고 상업송장(Commercial Invoice)과 포장명세서(Packing List)가 작성되었다면, Forwarding 업체나 선박회사에 수출 선적을 요청한다. 전화나 구두로 요청을 하는 것보다는 선적요청서를 작성하여 서면으로 요청하는 것이 더욱 정확하다. 담당 직원에게 상업송장과 포장명세서, 선적요청서를 이메일로 발송하고, 확인 전화를 하는 것이 제일 안전하고 정확하다.

첨부한 선적요청서 중에서 중요한 내용만 간략하게 소개한다.

선적요청서

수신: [redacted]㈜ / 전무님

귀사의 일익 번창하심을 기원합니다.

다름이 아니라, 아래와 같이 수출 선적을 요청합니다.

1. 선적물품: 농업기계 (벼 수확기계)

2. 수량 및 목적지: 40ft x 1 와 20ft x 1, 인도 Nhavashava, Prepaid

3. 작업일자: 1) 2020. 9. 18. 금요일 오전 9시: 무안 40ft x 1
   2) 2020. 9. 19. 토요일 오전 9시: 금산 20ft x 1

4. 작업장소:

   1) [redacted]: 40ft x 1
   주소 : 전남 무안군 [redacted]
   전화 : (061)[redacted]

   2) [redacted]: 20ft x 1
   주소 : 충남 금산군 [redacted]
   전화 : (041)[redacted]

5. 첨부서류: 1) commercial invoice 1부
   2) packing list 1부

6. 수출통관과 수출보험을 함께 부탁드립니다.

감사합니다.

2020년 9월 16일
창부무역

[redacted]
창부무역 박한철
[redacted]
도.소매 무역.농업용기계

선적요청서

수량은 20피트나 40피트 컨테이너로 몇 대 분인지를 의미하며, 목적지는 바이어의 국가명과 도착지 항구나 공항을 기재하고, 옆에는 Forwarding 업체가 참고할 수 있도록 운송료 지불 조건이 Prepaid(선불) 조건인지 또는 Collect(후불) 조건인지를 명시한다.

작업일자는 물품을 컨테이너에 상차하여 적재하는 작업일인데, 생산 공장이나 매입업체의 담당자와 협의하여 결정한다. 컨테이너는 대형 화물차로 간혹 지정된 작업시간을 지킬 수 없는 경우도 있으니 충분히 여유를 갖고 작업시간을 정하는 것이 좋다. 또한 작업장의 주소와 연락처를 정확히 통보하여 컨테이너 기사가 착오 없이 작업 장소에 찾아올 수 있도록 한다.

1인 수출기업은 혼자서 모든 업무를 처리해야 하기 때문에 가능한 한 시간을 절약해야 한다. 따라서 수출통관 업무는 관세사에게 의뢰해야 하지만, Forwarding 업체에 선적요청과 더불어 수출통관 업무까지 일괄적으로 요청하는 것이 효율적이다.

수출물품의 세관신고와 통관

앞에서 수출통관 업무는 관세사에게 의뢰해야 하는데 시간을 절약하기 위해서 Forwarding 업체에게 선적요청과 더불어 수출통관 업무까지 일괄적으로 요청하는 것이 효율적이라고 언급했다. 업무 특성상, Forwarding 업체는 육상운송과정을 거쳐서 관세사를 통해 세관에서 수출신고를 완료해야만 선적이 가능하기 때문이다.

수출신고를 마치면 세관으로부터 수출신고필증을 교부 받게 되는데, 예전의 명칭이 수출면장이었기 때문에 지금도 현장에서는 종종 수출면장으로 부르기도 한다. 수출신고필증을 교부 받았다는 것은 국내물품이 다른 국가로 수출할 수 있도록 허가되었다는 것을 의미한다. 만약 부정한 도난물품이거나 장물, 수출금지 품목 등은 수출이 거부된다. 수출신고필증은 상공회의소에 원산지증명서(Certificate of Origin)를 신청할 때뿐만 아니라 세무신고에서도 매출자료로서 중요하기 때문에 잘 보관해야 한다.

수출신고필증 사본을 첨부하니 개략적으로 살펴보면 상식적으로 충분히 이해가 가능하다.

USD 1,157.91
USD 1,157.91

UNI-PASS

수출신고필증(적재전, 갑지)

※ 처리기간 : 즉시

① 신고자 인천덕성관세사무소 김정순 | ⑤ 신고번호 [redacted] | ⑥ 세관.과 030-15 | ⑦ 신고일자 2019-11-26 | ⑧ 신고구분 H 일반P/L신고 | ⑨ C/S구분 A

② 수출대행자 창부무역
(통관고유부호) 창부무역 [redacted] 수출자구분 C
수 출 화 주 창부무역
(통관고유부호) 창부무역 [redacted]
(주소) 경기 평택시 [redacted]
(대표자) 박한철 (소재지) [redacted]
(사업자등록번호) [redacted]

⑩ 거래구분 11 일반형태 | ⑪ 종류 A 일반수출 | ⑫ 결제방법 LS 일람출급신용장
⑬ 목적국 BD BANGLAD | ⑭ 적재항 KRPUS 부산항 | ⑮ 선박회사 (항공사)
⑯ 선박명(항공편명) | ⑰ 출항예정일자 | ⑱ 적재예정보세구역 [redacted]
⑲ 운송형태 10 FC | ⑳ 검사희망일 2019/11/26
㉑ 물품소재지 [redacted] 부산 남구 [redacted] /

③ 제 조 자 미상
(통관고유부호) 제조미상 [redacted]
제조장소 [redacted] 산업단지부호 [redacted]

㉒ L/C번호 [redacted] | ㉓ 물품상태 N
㉔ 사전임시개청통보여부 N | ㉕ 반송 사유

④ 구 매 자 ALFA BD AGRO SERVICES LIMITED
(구매자부호) [redacted]

㉖ 환급신청인 (1:수출대행자/수출화주, 2:제조자)
자동간이정액환급 NO

● 품명 · 규격 (란번호/총란수 : 001/001)
㉗ 품 명 AGRICULTURAL MACHINE
㉘ 거래품명 HARVESTER DSM72
㉙ 상표명

㉚ 모델 · 규격	㉛ 성분	㉜ 수량(단위)	㉝ 단가(USD)	㉞ 금액(USD)
	1 란 을지	계속		

㉟ 세번부호 [redacted]	㊱ 순중량 7,148.0 (KG)	㊲ 수량 3 (U)	㊳ 신고가격(FOB)	$22,000 W25,474,020	
㊴ 송품장부호 [redacted]	㊵ 수입신고번호	㊶ 원산지 KR---N	㊷ 포장갯수(종류)	2(GT)	
㊸ 수출요건확인 (발급서류명)					
㊹ 총중량 7,348.0 (KG)	㊺ 총포장갯수 2(GT)	㊻ 총신고가격 (FOB)	$22,000 W 25,474,020		
㊼ 운임(W) 2,315,820	㊽ 보험료(W)	㊾ 결제금액	CFR-USD-24,000.00		
㊿ 수입화물 관리번호		51 컨테이너번호 [redacted]	Y		

※신고인기재란

52 세관기재란
귀사는 관세환급대상 수출실적이 있음에도 관세환급을 신청하지 않은 업체로 추정됩니다. 통관세관 또는 관세사에게 관세환급 가능여부를 구체적으로 확인하여 보시기 바랍니다. 통관대행 관세사는 해당 수출업체가 관세환급제도를 이용할 수 있도록 이 정보를 안내해 주시기 바랍니다.

(BUSAN MAIN CUSTOMS 부산세관 THE REPUBLIC OF KOREA)

53 운송(신고)인
54 기간 부터 까지 | 55 적재의무기한 2019/12/26 | 56 담당자 | 57 신고수리일자 2019/11/26

발 행 번 호 : [redacted] Page : 1/2

(1) 수출신고수리일로부터 30일내에 적재하지 아니한 때에는 수출신고수리가 취소됨과 아울러 과태료가 부과될 수 있으므로 적재사실을 확인하시기 바랍니다.
(관세법 제251조, 제277조) 또한 휴대탁송 반출시에는 반드시 출국심사(부두,초소,공항) 세관공무원에게 제시하여 확인을 받으시기 바랍니다.
(2) 수출신고필증의 진위여부는 관세청 인터넷통관포탈에 조회하여 확인하시기 바랍니다.(http://unipass.customs.go.kr)

수출신고필증 ①

USD 1,157.91
USD 1,157.91

UNI-PASS

수출신고필증(적재전, 을지)

※ 처리기간 : 즉시

① 신고자 인천덕성관세사무소 [redacted]	⑤ 신고번호 [redacted]	⑥ 세관.과 [redacted]	⑦ 신고일자 2019-11-26	⑧ 신고구분 H 일반P/L신고	⑨ C/S구분 A

●품명 · 규격 (란번호/총란수 : 001/001)

㉗ 품 명 AGRICULTURAL MACHINE ㉘ 거래품명 HARVESTER DSM72	㉙ 상표명

㉚ 모델 · 규격	㉛ 성분	㉜ 수량(단위)	㉝ 단가(USD)	㉞ 금액(USD)
(NO.01) HARVESTER DSM72		1 (UN)	10,000	10,000
(NO.02) HARVESTER DXM85		1 (UN)	12,000	12,000
(NO.03) OCEAN FREIGHT		1 (CO)	2,000	2,000
	001란 이하	여백		

발 행 번 호 : [redacted]

Page : 2/2

(1) 수출신고수리일로부터 30일내에 적재하지 아니한 때에는 수출신고수리가 취소됨과 아울러 과태료가 부과될 수 있으므로 적재사실을 확인하시기 바랍니다.
(관세법 제251조, 제277조) 또한 휴대탁송 반출시에는 반드시 출국심사(부두,초소,공항) 세관공무원에게 제시하여 확인을 받으시기 바랍니다.
(2) 수출신고필증의 진위여부는 관세청 인터넷통관포탈에 조회하여 확인하시기 바랍니다.(http://unipass.customs.go.kr)

수출신고필증 ②

선하증권 (Bill of Lading)

Forwarding 업체에 수출 선적을 요청한 후 수출물품의 세관 통관과 선적이 완료되면, 선박회사에서 발급된 B/L(선하증권, Bill of Lading)을 발급받게 된다. 통상적으로 B/L이라고 부르는데, 원본(Original)과 사본(Copy)으로 구성되어 있다. B/L상의 모든 내용을 확정하여 Original B/L을 발급받기 전에 Forwarding 업체로부터 Check B/L을 받으면 꼼꼼히 내용을 확인해야 한다. 특히 상업송장(Commercial Invoice)과 포장명세서(Packing List)상의 내용과 대조하여 B/L상의 수출상품, 총중량, CBM, 출발지와 도착지, 선박명과 편명, B/L 번호, 선적일자 등을 확인하고 이상여부를 통보한다.

선하증권(Bill of Lading)은 수출물품의 소유권을 의미하므로, 바이어는 수출물품이 도착하였을 때 Original B/L을 제시함으로써 물품을 수취할 수 있다. 따라서 가장 중요한 선적서류로서 바이어의 수출대금 정산이 완료되면, 바이어에게 틀림없이 정확하게 전달되도록 해야 한다.

ONE
OCEAN NETWORK EXPRESS

COPY NON NEGOTIABLE

PAGE: 1 OF 1

SEA WAYBILL

SHIPPER/EXPORTER
CHANGBOO TRADING CORP.
PYUNGTAEKCITY, KYUNGKIDO, KOREA
TEL:+82

BOOKING NO

SEA WAYBILL NO

EXPORT REFERENCES(for the Merchant's and/or Carrier's reference only. See back clause 8. (4).)

CONSIGNEE
TECHNOGEN LLC
ST. PETERSBURG, RUSSIA
TEL:+

FORWARDING AGENT REFERENCES
FMC NO

NOTIFY PARTY (It is agreed that no responsibility shall be attached to the Carrier or its Agents for failure to notify)
TECHNOGEN LLC
ST. PETERSBURG, RUSSIA
TEL:+

RECEIVED by the Carrier in apparent good order and condition (unless otherwise stated herein) the total number or quantity of Containers or other packages or units indicated in the box entitled "Carrier's Receipt" to be carried subject to all the terms and conditions hereof from the Place of Receipt or Port of Loading to the Port of Discharge or Place of Delivery, as applicable. Delivery of the Goods to the Carrier for Carriage hereunder constitutes acceptance by the Merchant (as defined hereinafter) (i) of all the terms and conditions, whether printed, stamped or otherwise incorporated on this side and on the reverse side of this Bill of lading and the terms and conditions of the Carrier's applicable tariff(s) as if they were all signed by the Merchant, and (ii) that any prior representations and/or agreements for or in connection with Carriage of the Goods are superseded by this Bill of Lading. If this is a negotiable (To Order/of) Bill of Lading, one original Bill of Lading, duly endorsed must be surrendered by the Merchant to the Carrier (together with any outstanding Freight) in exchange for the Goods or a Delivery Order or the pin codes for any applicable Electronic Release System. If this is a non-negotiable (straight) Bill of Lading, or where issued as a Sea Waybill, the Carrier shall deliver the Goods or issue a Delivery Order or the pin codes for any applicable Electronic Release System (after payment of outstanding Freight) to the named consignee against the surrender of one original Bill of Lading, or in the case of a Sea Waybill, on production of such reasonable proof of identify as may be required by the Carrier, or in accordance with the national law at the Port of Discharge or Place of Delivery as applicable. IN WITNESS WHEREOF the Carrier or their Agent has signed the number of Bills of Lading stated at the top, all of this tenor and date, and whenever one original Bill of Lading has been surrendered all other Bills of Lading shall be void.

PRE CARRIAGE BY	PLACE OF RECEIPT	FINAL DESTINATION(for the Merchant's reference only)
	BUSAN, KOREA	
OCEAN VESSEL VOYAGE NO. FLAG	PORT OF LOADING	
AL ZUBARA 010W	BUSAN, KOREA	
PORT OF DISCHARGE	PLACE OF DELIVERY	TYPE OF MOVEMENT(IF MIXED, USE DESCRIPTION OF PACKAGES AND GOODS FIELD)
ST. PETERSBURG, RUSSIA	ST. PETERSBURG, RUSSIA	FCL / FCL CY / CY

(CHECK "HM" COLUMN IF HAZARDOUS MATERIAL) PARTICULARS DECLARED BY SHIPPER BUT NOT ACKNOWLEDGED BY THE CARRIER

CNTR. NOS. W/SEAL NOS. MARKS & NUMBERS	QUANTITY (FOR CUSTOMS DECLARATION ONLY)	HM	DESCRIPTION OF GOODS	GROSS WEIGHT	GROSS MEASUREMENT
TTNU3983204 / KRAC70026			/ 1 PACKAGE /FCL / FCL/20GP/3570.000KGS/23.460M3		
EXPORT STANDARD PACKING MODEL KUKJE KC4075	1 PACKAGE		AGRICULTURAL MACHINE COMBINE HARVESTER KUKJE KC4075 TOTAL: 20FT X 1 CONTAINER	3570.000KGS	23.460CBM

OCEAN FREIGHT PREPAID
DESTINATION CHARGES COLLECT PER LINE TARIFF AND OTHER CHARGES TO BE COLLECTED FROM THE PARTY WHO LAWFULLY DEMANDS DELIVERY OF THE CARGO WITHOUT PREJUDICE TO THE CARRIER'S RIGHTS AGAINST THE MERCHANT (SEE BACK CLAUSE 1) AS SET OUT AT BACK CLAUSE 13(1)
"SHIPPER'S LOAD AND COUNT" "SAID TO CONTAIN"

Declared Cargo Value US $ ______ If Merchant enters a value, Carrier's limitation of liability shall not apply and the ad valorem rate will be charged.

FREIGHT & CHARGES PAYABLE AT / BY	SERVICE CONTRACT NO	DOC FORM NO	COMMODITY CODE	EXCHANGE RATE
SEOUL ST. PETERSBURG				

CODE	TARIFF ITEM	FREIGHTED AS	RATE	PREPAID	COLLECT

(1) ORIGINAL BILLS(S) HAVE BEEN SIGNED.

DATE CARGO RECEIVED

DATE LADEN ON BOARD
08 AUG 2019

PLACE OF BILL(S) ISSUE
SEOUL

DATED
08 AUG 2019

The printed terms and conditions on this Bill are available at its website at www.one-line.com

SIGNED BY OCEAN NETWORK EXPRESS (KOREA) CO., LTD.
as agent for and on behalf of

Ocean Network Express Pte. Ltd.
(ONE), AS CARRIER

선하증권

원산지증명서 (Certificate of Origin)

지역관할 상공회의소를 방문하거나 웹사이트에 접속하여, 먼저 자신의 회사를 상공회의소에 등록하는 서명등록 절차를 마친 후에 원산지증명서(Certificate of Origin)를 신청할 수 있다. 상공회의소 웹사이트의 신청 서식 작성 난에는 여러 종류의 원산지증명서 양식이 있는데, 나라별로 그리고 FTA 체결 상황에 따라서 다르기 때문에 바이어가 요구하거나 적합한 원산지증명서 양식을 선택하여 신청하면 된다.

원산지증명서는 수출자보다는 바이어인 수입자에게 더 중요한데 어느 국가에서 생산된 제품인가에 따라서, 또는 FTA가 체결된 국가인가에 따라서 수입관세가 달라지기 때문이다. 즉, 바이어가 수입 관세를 얼마나 지불하느냐에 따라서 상품의 가격 경쟁력이 좌우되는 것이다. 따라서 바이어가 가격 경쟁력을 갖고 우리의 상품을 많이 판매할 수 있어야 우리 상품의 수출이 늘어나게 된다.

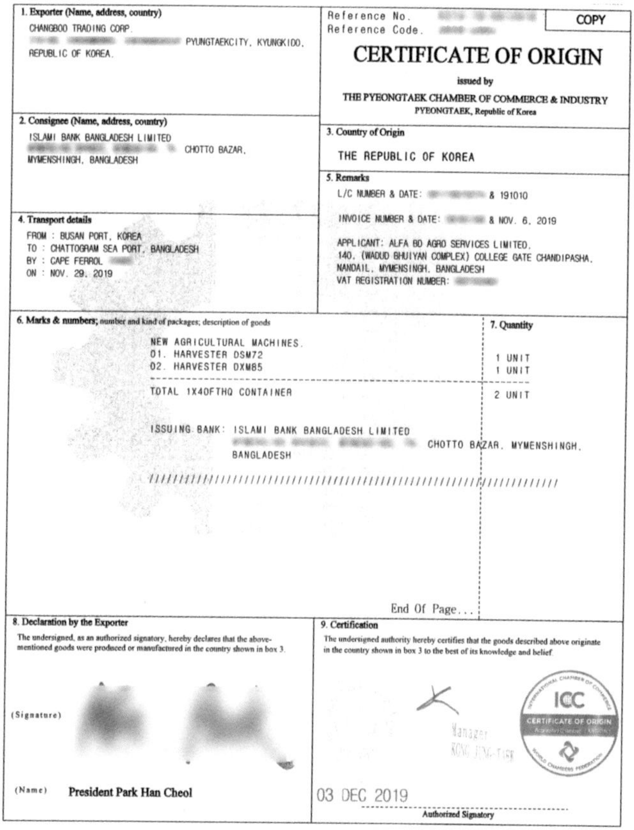

1. Exporter (Name, address, country)
CHANGBOO TRADING CORP.
[redacted] PYUNGTAEKCITY, KYUNGKIDO,
REPUBLIC OF KOREA.

Reference No. [redacted]
Reference Code. [redacted]
COPY

CERTIFICATE OF ORIGIN
issued by
THE PYEONGTAEK CHAMBER OF COMMERCE & INDUSTRY
PYEONGTAEK, Republic of Korea

2. Consignee (Name, address, country)
ISLAMI BANK BANGLADESH LIMITED
[redacted] CHOTTO BAZAR,
MYMENSHINGH, BANGLADESH

3. Country of Origin
THE REPUBLIC OF KOREA

4. Transport details
FROM : BUSAN PORT, KOREA
TO : CHATTOGRAM SEA PORT, BANGLADESH
BY : CAPE FERROL [redacted]
ON : NOV. 29, 2019

5. Remarks
L/C NUMBER & DATE: [redacted] & 191010
INVOICE NUMBER & DATE: [redacted] & NOV. 6, 2019
APPLICANT: ALFA BD AGRO SERVICES LIMITED,
140, (WADUD BHUIYAN COMPLEX) COLLEGE GATE CHANDIPASHA,
NANDAIL, MYMENSINGH, BANGLADESH
VAT REGISTRATION NUMBER: [redacted]

6. Marks & numbers; number and kind of packages; description of goods

7. Quantity

NEW AGRICULTURAL MACHINES.
01. HARVESTER DSM72 — 1 UNIT
02. HARVESTER DXM85 — 1 UNIT
TOTAL 1X40FTHQ CONTAINER — 2 UNIT

ISSUING BANK: ISLAMI BANK BANGLADESH LIMITED
[redacted] CHOTTO BAZAR, MYMENSHINGH,
BANGLADESH
//

End Of Page...

8. Declaration by the Exporter
The undersigned, as an authorized signatory, hereby declares that the above-mentioned goods were produced or manufactured in the country shown in box 3.
(Signature) [redacted]
(Name) President Park Han Cheol

9. Certification
The undersigned authority hereby certifies that the goods described above originate in the country shown in box 3 to the best of its knowledge and belief.
Manager
ICC CERTIFICATE OF ORIGIN
03 DEC 2019
Authorized Signatory

원산지증명서

적하보험
(Cargo Insurance)

간혹 바이어가 CIF(Cost, Insurance and Freight: 운임보험료포함인도조건)의 수출대금 결제 방식을 요구하는 경우가 있는데, 이때는 수출선적서류에 적하보험 가입증서를 추가해야 한다.

적하보험은 수출물품이 바이어에게 운송되는 과정에서 발생되는 파손이나 도난, 분실 등의 손실에 대비하기 위해서 가입하는 보험이다. 시중의 일반 손해보험회사에서 적하보험을 취급하고 있는데, Forwarding 업체에 부탁하여 일괄적으로 업무를 진행하는 것이 1인 사업자에게는 편리하다.

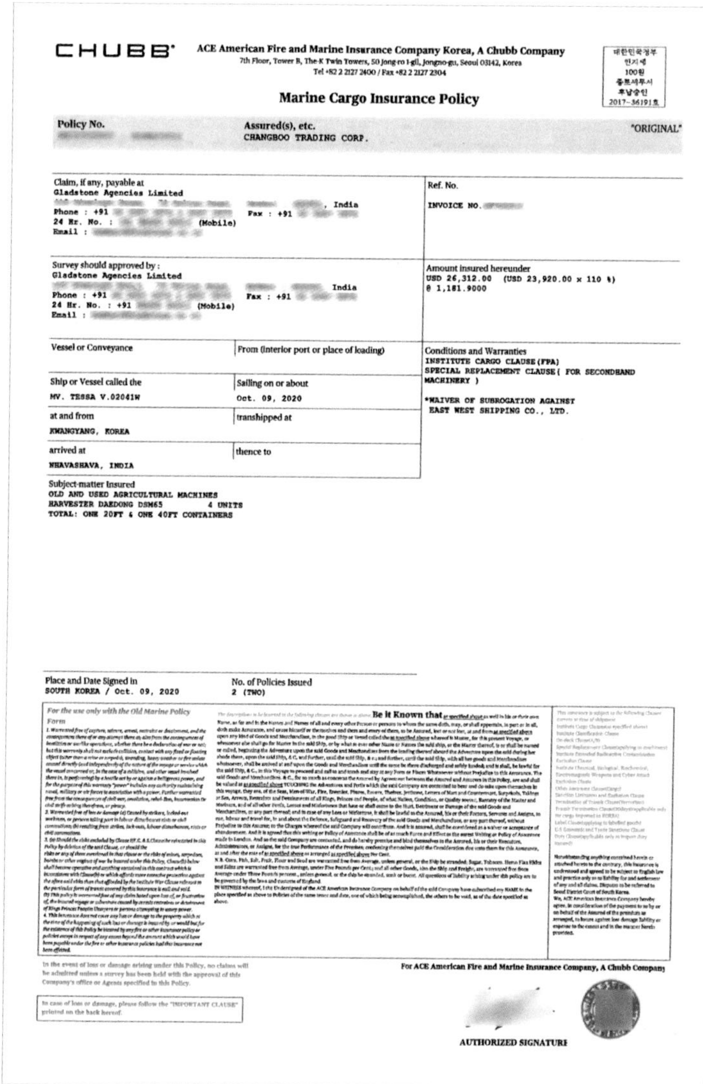

CHUBB®

ACE American Fire and Marine Insurance Company Korea, A Chubb Company
7th Floor, Tower B, The-K Twin Towers, 50 Jong-ro 1-gil, Jongno-gu, Seoul 03142, Korea
Tel +82 2 2127 2400 / Fax +82 2 2127 2304

대한민국정부
인지세
100원
종로세무서
후납승인
2017-36191호

Marine Cargo Insurance Policy

Policy No.
[redacted]

Assured(s), etc.
CHANGBOO TRADING CORP.

"ORIGINAL"

Claim, if any, payable at
Gladstone Agencies Limited
[redacted], India
Phone : +91 [redacted] Fax : +91 [redacted]
24 Hr. No. : [redacted] (Mobile)
Email : [redacted]

Ref. No.
INVOICE NO. [redacted]

Survey should approved by :
Gladstone Agencies Limited
[redacted] India
Phone : +91 [redacted] Fax : +91 [redacted]
24 Hr. No. : +91 [redacted] (Mobile)
Email : [redacted]

Amount insured hereunder
USD 26,312.00 (USD 23,920.00 x 110 %)
@ 1,181.9000

Vessel or Conveyance	From (interior port or place of loading)
Ship or Vessel called the MV. TESSA V.02041W	Sailing on or about Oct. 09, 2020
at and from KWANGYANG, KOREA	transhipped at
arrived at NHAVASHAVA, INDIA	thence to

Conditions and Warranties
INSTITUTE CARGO CLAUSE(FPA)
SPECIAL REPLACEMENT CLAUSE(FOR SECONDHAND MACHINERY)

*WAIVER OF SUBROGATION AGAINST
EAST WEST SHIPPING CO., LTD.

Subject-matter Insured
OLD AND USED AGRICULTURAL MACHINES
HARVESTER DAEDONG DSM65 4 UNITS
TOTAL: ONE 20FT & ONE 40FT CONTAINERS

Place and Date Signed in
SOUTH KOREA / Oct. 09, 2020

No. of Policies Issued
2 (TWO)

For the use only with the Old Marine Policy Form

Be it Known that [illegible]

In the event of loss or damage arising under this Policy, no claims will be admitted unless a survey has been held with the approval of this Company's office or Agents specified in this Policy.

In case of loss or damage, please follow the "IMPORTANT CLAUSE" printed on the back hereof.

For ACE American Fire and Marine Insurance Company, A Chubb Company

[redacted]

AUTHORIZED SIGNATURE

적하보험증서 ①

CHUBB

ACE American Fire and Marine Insurance Company Korea, A Chubb Company
7th Floor, Tower B, The-K Twin Towers, 50 Jong-ro 1-gil, Jongno-gu, Seoul 03142, Korea
Tel +82 2 2127 2400 / Fax +82 2 2127 2304

대한민국정부
인지세
100원
종로세무서
후납승인
2017-36191호

Marine Cargo Insurance Policy

Policy No.	Assured(s), etc.	"DUPLICATE"
[redacted]	CHANGBOO TRADING CORP.	

Claim, if any, payable at	Ref. No.
Gladstone Agencies Limited [redacted] India Phone : +91 [redacted] Fax : +91 [redacted] 24 Hr. No. : +91 [redacted] (Mobile) Email : [redacted]	INVOICE NO. [redacted]
Survey should approved by : Gladstone Agencies Limited [redacted] India Phone : +91 [redacted] Fax : +91 [redacted] 24 Hr. No. : +91 [redacted] (Mobile) Email : [redacted]	**Amount insured hereunder** USD 26,312.00 (USD 23,920.00 x 110 %) @ 1,181.9000

Vessel or Conveyance	From (interior port or place of loading)	Conditions and Warranties
		INSTITUTE CARGO CLAUSE(FPA) SPECIAL REPLACEMENT CLAUSE(FOR SECONDHAND MACHINERY) *WAIVER OF SUBROGATION AGAINST EAST WEST SHIPPING CO., LTD.
Ship or Vessel called the MV. TESSA V.02041W	**Sailing on or about** Oct. 09, 2020	
at and from KWANGYANG, KOREA	**transhipped at**	
arrived at NHAVASHAVA, INDIA	**thence to**	

Subject-matter Insured
OLD AND USED AGRICULTURAL MACHINES
HARVESTER DAEDONG DSM65 4 UNITS
TOTAL: ONE 20FT & ONE 40FT CONTAINERS

Place and Date Signed in	No. of Policies Issued
SOUTH KOREA / Oct. 09, 2020	2 (TWO)

For the use only with the Old Marine Policy Form

[illegible]

Be it Known that [illegible]

In the event of loss or damage arising under this Policy, no claims will be admitted unless a survey has been held with the approval of this Company's office or Agents specified in this Policy.

In case of loss or damage, please follow the "IMPORTANT CLAUSE" printed on the back hereof.

For ACE American Fire and Marine Insurance Company, A Chubb Company

AUTHORIZED SIGNATURE

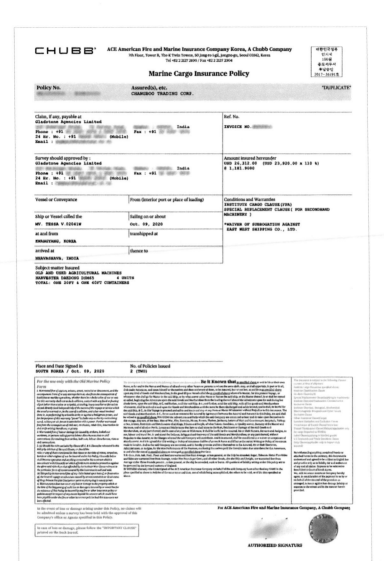

적하보험증서 ②

T/T 잔금 정산과 L/C 매입의뢰

이제 기본 선적서류(상업송장, 포장명세서, 선하증권, 원산지증명서)가 준비되었다면, T/T 결제방식인 경우에 바이어에게 선적서류 사본을 발송하고 수출대금의 잔금결제를 요구한다. 잔금결제가 정산되기 전에는 절대로 선적서류의 원본을 발송해서는 않된다. 혹시 바이어가 자금부족을 이유로 물품을 판매한 후에 잔금을 정산하겠다고 해도, 적절한 사유를 들어서 에둘러 거절하는 것이 현명하다.

신용장(L/C) 방식의 수출대금결제에 있어서는 기본 선적서류 4종류와 신용장에서 요구하는 서류(Documents Required)들을 취합하여 매입의뢰 서류(Negotiation Documents)를 작성해야 한다. 보통 신용장 네고 서류라고 하는데 신용장에서 요구하는 서류에 더하여 수출환어음(Bill of Exchange)과 수출환어음 매입이나 추심신청서를 작성해야 한다.

이 서류들은 거래은행의 사이트에 접속하면 서류양식이 구비되어 있는데, 예시에 따라서 입력만 하면 되기 때문에 매우 편리하게 되어있다. 또한 거래은행 담당자에게 문의할 수도 있으니 걱정할 것이 전혀 없다.

BILL OF EXCHANGE

FOR **USD 24,000.00** DATE **Dec 03, 2019. KOREA**

AT SIGHT OF THIS **ORIGINAL** BILL OF EXCHANGE(DUPLICATE UNPAID)

PAY TO THE ORDER OF SHINHAN BANK THE SUM OF SAY US DOLLARS TWENTY FOUR THOUSAND ONLY.

VALUE RECIEVED AND CHARGE THE SAME TO ACCOUNT OF ALFA BD AGRO SERVICES LIMITED

DRAWN UNDER ISLAMI BANK BANGLADESH LIMITED

L/C NO. [redacted] DATED **Oct 10, 2019.**

TO ISLAMI BANK BANGLADESH LIMITED

[redacted] CH

OTTO

CHANGDOO TRADING CORP.

Signed by President

(Signed by)

BILL OF EXCHANGE

FOR **USD 24,000.00** DATE **Dec 03, 2019. KOREA**

AT SIGHT OF THIS **DUPLICATE** BILL OF EXCHANGE(ORIGINAL UNPAID)

PAY TO THE ORDER OF SHINHAN BANK THE SUM OF SAY US DOLLARS TWENTY FOUR THOUSAND ONLY.

VALUE RECIEVED AND CHARGE THE SAME TO ACCOUNT OF ALFA BD AGRO SERVICES LIMITED

DRAWN UNDER ISLAMI BANK BANGLADESH LIMITED

L/C NO. [redacted] DATED **Oct 10, 2019.**

TO ISLAMI BANK BANGLADESH LIMITED

[redacted] CH

OTTO

CHANGDOO TRADING CORP.

Signed by President

(Signed by)

<서식 3-305-0069> 2021-03-05 04:38:58 Ver_2020.10.06.01

수출환어음

선적서류 발송과 L/C 추심 신청

T/T 결제방식인 경우에 바이어로부터 잔금정산이 완료되었다면, 지체 없이 선적서류의 원본과 사본을 가장 빠르고 안전하게 발송해야 한다. 일반적으로 DHL이나 FedEx 또는 EMS post를 이용하는 것이 좋다. 이때 다음 오더를 위하여 홍보 전단이나 카탈로그 등을 함께 보내는 것도 좋은 방법이다.

신용장(L/C) 방식의 수출대금결제에 있어서는 신용장상의 선적서류를 준비하여 수출자의 거래은행에 매입이나 추심을 의뢰하게 된다. 거래은행의 입장에서 신용장 매입의 경우에는 바이어의 거래은행인 신용장 개설은행으로부터 수출대금의 정산이 이루어지기 전에 수출자에게 먼저 수출대금을 지불하는 것으로, 추후에 미수금이 발생할 것을 우려하여 일정한 담보를 요구한다. 따라서 수출자는 거래은행에 일정한 담보를 부과한 뒤에 바이어가 수출대금을 정산하기 전에라도 수출대금을 미리 자금화할 수 있다. 만약 추심을 의뢰하는 경우에는 바이어의 신용장 개설은행으로부터 수출대금이 수출자의 거래은행으로 입금될 때까지 기다렸다가 수출자금을 받으면 된다. 이때는 은행 담보가 전혀 필요 없고, 다만 자금의 회전이 늦어지는 것뿐이다.

수출환어음 ☐ 매입 ■ 추심 ☐ 추심후 매입전환 신청서(O/A 수출채권 매입 신청서 겸용)

REF - No.		매 입 일		재매입구분		재매입은행	
고 객				계 열 사			
결 제 방 법		수 출 형 태		가 격 조 건			
결제조건/일수		어음조건/일수		수 입 국		하 자 코 드	
L / C 번호				선 적 일		만 기 일	
통 화		매 입 금 액		외화대체			
적 용 환 율		조 정 환 율		환 가 료			
추심 수수료		매입 수수료		우 편 료		대 체 료	

매 입 금 액	USD 24,000.00	재매입 구분	
결 제 방 법	일람출급(A/S)	결제조건/일수	/
수 출 형 태	기타	가 격 조 건	CFR (운임포함인도조건)
신용장(계약)번호	[illegible]	발 행 일 자	2019/10/10
H.S Code	[illegible]	수출 신고번호	[illegible]
INVOCE 번호	[illegible]	선 적 일 자	2019/11/29
발 행 은 행	ISLAMI BANK BANGLADESH LIMITED	발행은행 BIC (SWIFT Code)	[illegible]

DOCUMENTS		DRAFT	COMM INV	CUST INV	PKG LIST	M/W LIST	CERT ORIGIN	INSPECT CERT	CERT	INS POL	A.W.B	B/L		
ISSUING BANK	1ST													
	2ND													
DRAWEE BANK														

신용장(계약서) 불일치 내 용	

외화대체	금 액:	계좌번호:
원화대체	금 액:	계좌번호:

위와 같이 화환어음의 매입(추심)을 신청함에 있어서 따로 제출한 외국환거래약정서의 해당조항에 따를 것을 확약하며 신용장(계약서) 불일치 내용이 상대은행에서 통보되어온 경우 매입시 불일치 내용을 신고한 것으로 인정하여도 이의를 제기하지 않겠습니다.

아울러 O/A 방식 수[illegible] 수입자의 동의를 얻는 등 필요한 절[illegible] 확인합니다.

2019 년 12 월 03 일

성 명 : 경기 평택 [illegible] (인)

■ 중국 위안화에 의한 거래시에는 현지 정책에 따라 거래 제한(용도 및 대상기업에 따른 제한 포함)이 될 수 있음을 인지 [illegible] 상대방이 위안화 결제 가능 기업에 포함되는지의 여부를 당사에서 사전에 확인하였고 이로 말미암은 문제에 대해서는 당사에 책임이 있음을 확약합니다.

■ 본인은 대한민국, 미국, UN, EU 등의 제재를 포함한 국제사회의 제재법규 및 자금세탁방지 관련 법규 (이하, 제재법규)를 인지하고 은행과의 외국환 거래에 대한 제재법규를 준수할 것을 확약합니다. 은행은 제재법규를 위반한 사항은 물론 위반이 우려되는 내용에 대해서, 제재법규와 관련한 국내외 법령 준수를 위하여 본인에게 소명자료 제출을 요청할 수 있고, 본인은 적법한 거래 입증에 적극 협조하겠습니다. 본인은 은행의 제재법규 점검으로 인한 업무지연, 업무거절, 거래취소, 대금의 동결 및 몰수가 있을 수 있음을 이해하고 설명들었으며 이로 발생하는 손실에 대하여 은행은 어떠한 책임도 없음을 확인합니다.

■ 수출환어음 추심후 매입전환 거래 시에는, 동 추심후 매입전환 신청과 관련하여 발행은행으로부터 인수전문 접수 건에 한해 매입전환을 요청합니다. 동 매입전환 신청과 관련한 제반 사항은 기 약정한 외국환거래약정서에 따를 것을 동의하며, 신청 시점과 매입전환 시까지 국가경제•금융사정의 급격한 신청인의 신용상태 변동 등 귀 행이 인정하는 사유 발생 시 매입이 제한될 수 있음을 확인하고, 이에 대해 귀 행을 상대로 일체의 이의를 제기하지 아니할 것임을 확약합니다.

담 당 자	확 인 자	결재권자

<서식 3-305-0098>

2021-03-22 01:32:18
Ver_2020.10.06.01

매입추심신청서

5. 관리과정 단계

선적 후
수출보험 가입

바이어와 처음 거래를 시작하거나 신용이 불확실할 때는, 수출보험에 가입해 두는 것이 안전하다. 수출보험은 한국무역보험공사에서 가입할 수 있는데, 수출선적이 완료된 뒤에 바이어가 수출대금을 지불하지 않거나 파산이나 부도가 발생한 경우에 수출보험에 의하여 보상을 받을 수 있다. 한국무역보험공사의 웹사이트에서 정해진 양식에 따라 간편하게 가입할 수 있다.

중소Plus+ 단체보험 안내문

□ **계 약 기 간 : 2020.05.03 ~ 2021.04.30**
□ **계 약 자 : 경기도청**
□ **피 보 험 자 : 창부무역**
□ **보 험 자 : 한국무역보험공사(K-SURE)**
□ **보험계약내용**

구분	내용
보장내용	피보험자가 수출한 물품의 대금 미회수 위험을 공사가 보상
대상거래	수출대금의 결제기간이 선적후 또는 일람후 1년 이내(중견기업은 180일 이내)인 수출거래 ※ 고위험 인수제한 국가 소재 수출계약상대방과의 수출거래는 제외 * ('20.11월 현재 리비아,푸에르토리코,소말리아,가봉,시리아,아프가니스탄,베네수엘라,부탄,팔레스타인,예멘 10개국이며, 공사 홈페이지 www.ksure.or.kr 참조)
담보위험	수입자위험 / 신용장위험 / 수입국위험
책임금액	피보험자별 U$ 50,000
보상비율	95%
보험금	(손실액 – 면책대상손실) X 보상비율 / 100 – 다른 보험계약 등의 지급금액 ※ 책임금액 이내에서 지급
대표적 면책사항 (추가내용은 약관 및 특약 참조)	① 보험개시일 이전 1년 이내에 최초 만기일로부터 30일 이상 결제가 지체되고 있는 수입자에 대한 수출거래(단, 수출안전망 보험의 경우 면책제외) ② 수출자(피보험자)가 수출계약 상대방이 무역보험 사고발생 수입자이거나 공사 신용등급 R급임을 알고 있는 상태에서 수출한 거래 ③ 물품 자체에서 발생한 손실 ④ 피보험자의 고의 또는 과실로 인하여 발생한 손실 등 ⑤ 고지 · 주의 · 협조 · 통지의무를 태만히 함으로 인하여 증가된 손실

* 현재 고위험 인수제한 국가 이외에 추후 고위험 인수제한 국가 추가지정에 따라 공사가 보험계약자 또는 피보험자에게 통지한 경우에도 그 통지일부터 동일하게 적용(단, 수출안전망 보험은 적용 제외)

□ **사고발생통지 및 보험금 지급청구 절차** (양식은 공사 홈페이지 www.ksure.or.kr 참조)

【 사고발생통지 】

① 피보험자는 수출대금의 결제기일 이전에 담보위험 사유가 발생한 사실을 안 때에는 안 날부터 1월 이내에 그 사실을 공사에 서면으로 통지

② 피보험자는 담보위험에서 정한 손실이 발생하였을 때에는 결제기일부터 1월 이내에 그 사실을 공사에 서면으로 통지

【 보험금 지급청구 】 피보험자는 사고발생통지를 한 날로부터 1월이 경과한 이후 자기비용으로 손실을 계산하여 공사에 증빙서류 및 기타 필요한 서류와 함께 보험금 청구서 제출

【 보험금 지급 】 공사는 보험금 청구서를 받은 날로부터 1월 이내에 피보험자에게 보험금 지급

※관련문의는 공사 고객센터(1588-3884)로 연락주시기 바랍니다.

수출보험

클레임이나 불만사항 처리

만약 상품을 수출한 후에 바이어로부터 상품에 대하여 하자나 불만사항이 있을 경우에는 지체 없이 적극적으로 대처해야 한다. 상품에 대한 품질, 수량, 납기 등 여러 가지 문제가 있을 수 있다. 따라서 바이어로부터 정확한 클레임 내용을 파악한 후, 심사숙고하여 해결책을 모색하고 바이어와 함께 의논하여 해결해 나가는 것이 합리적인 방법이다.

가능하면 바이어의 기분을 상하지 않게 잘 협조하여, 다음 오더로 계속 연결될 수 있도록 원만히 해결해야 한다. 나는 중요한 바이어에 대해서는 가능한 한 직접 방문하여 해결하였는데, 위로도 하

캄보디아에서 농기계 기술지원

고 상호 친목도 다지며 인간관계를 더욱 향상시키는 계기가 되기도 하였다. 아무튼 비즈니스에 있어서 신의 성실을 기반으로 신용을 지키는 일은 아무리 강조해도 지나치지 않다.

허위 비즈니스와 사기 주의

이 세상에는 올바르고 성실한 사람들이 훨씬 더 많지만, 그러나 어느 국가 사회에나 불성실하고 남에게 피해를 주는 사람들이 반드시 있다. 이러한 사람들을 보면 한심한 생각도 들지만, 또 한편으로는 자신의 소중한 인생을 불의에 낭비하는 것에 대하여 불쌍한 생각이 들기도 한다. 그러나 사기꾼들이 아무리 귀신같이 사기를 치려고 해도, 조금만 주의를 기울이고 사기를 당하지 않으면 그만이다. 그리고 사기를 당하지 않는 방법은 그리 대단한 것이 아니다. 지극히 상식적으로 생각하고 판단하며 무슨 엄청난 대박이나 요행을 바라지 않고, 무리하게 위험을 무릅쓰며 사업을 진행하지 않으면 되는 것이다.

매일같이 비즈니스 이메일을 열면, 첨부파일을 가장한 인터넷 피싱 메일이 부지기수이고, 또한 그 내용이 매우 황당하고 뜬구름 잡는 허황된 내용은 모두 사기꾼들의 낚싯밥이다. 따라서 그들이 아무리 감쪽같은 속임수를 쓴다 해도, 역시 인간의 범주에 있기 때문에 상식을 뛰어넘을 수도 없을 뿐만 아니라 아예 불가능하다. 나는 이제껏 사기 피해를 단 한번도 당한 적은 없는데, 속된 말로 사기꾼들을 역으로 사기 칠 수도 있지만, 그러한데 나의 소중한 인생을 결코 낭비하고 싶지 않다.

이집트 바이어와 6,695km의 나일강 종착지에서

효율적인 업무계획과 준비

바이어로부터 수출 오더가 확정되면 그에 대한 수출진행 업무가 순서에 따라서 한 사이클이 끝날 때까지 이어지는데, 미리 다음 단계를 생각하고 계획하면서 업무를 진행해 나가면 보다 더 효율적이고 시행착오를 줄일 수 있다. 1인 수출기업으로서 모든 업무를 혼자 실수 없이 처리하려면 항상 업무의 정리 정돈과 준비를 철저히 해야 한다. 그래야 한번에 정확하게 일을 처리할 수 있고, 시간 낭비 없이 혼자서 여러 가지 업무를 제때에 마칠 수 있다.

캄보디아 바이어의 shop에서

글로벌 마인드와 품격

국제적인 비즈니스에 종사하는 대부분의 바이어들은 나름대로 자신의 분야에서 식견이 있고 인텔리에 속하는 사람들이다. 그들과 수출상담을 하고 비즈니스를 하다 보면, 서로의 인격과 지식이 드러나기 마련이다. 따라서 비즈니스에 대한 지식뿐만 아니라 일반적인 상식이나 정치, 경제, 사회, 문화, 역사 등 다방면으로 풍부한 식견을 갖추는 것이 필요하다. 늘 글로벌 경제나 정치 등 뉴스에 관심을 기울이고, 세계적인 추세와 변화에도 주목해야 한다. 그러기 위해서는 끊임없이 노력하고 학습하며 자아를 계발해야 한다.

자신의 인격을 높이고 품격을 향상하려면, 부단히 학습하고 책을 읽어야 한다. 그렇지 않으면 사람이 속되고 천박해지며, 금전만능의 속물적인 인간으로 전락하기 쉽다. 품위 있는 자아실현이 비즈니스를 성공적으로 이끈다. 모든 1인 수출기업의 무궁한 발전과 대한민국의 영원한 번영을 기원한다.

베트남 바이어의 고향집에서 저녁식사

베트남 바이어의 농가에서 담소

인도의 힌두교 사찰 방문